何をしなければならないか
がマナーではない。
自分はどうなりたいか
がマナーだ。

中谷彰宏

あきひろ

この本は、
3人のために書きました。

1 チャンスをつかみたい人。

2 自分がどこでしくじったか、わからない人。

3 格上の人と知り合いたい人。

はじめに

マナーは、しなければならないことではない。なりたい自分がすることだ。

チャンスは、なりたい自分の人たちとのつながり、仕事や出会いをつくっていくことです。

生まれ変わりたいと思うなら、マナーを学ぶ必要があります。

今のままなら、マナーは学ばなくても大丈夫です。

今の自分の仲間とはすでに出会っているので、マナーは追加しなくて大丈夫です。

なりたい自分のグループに行くためにはマナーが要《い》ります。

グループは、お金で分かれているのではありません。

マナーで分かれています。

下から上に勝手に入ってこられないように、マナーという壁をつくっています。

なりたい自分のグループに入ってから、そこのマナーを学ぶことはできないのです。

マナーを学ばなければ、なりたい自分のグループに入れません。

なりたい自分になるために、マナーが必要になるのです。


ほとんどの人が、マナーに関しては不具合を感じていません。

今のクラスの集団に属して生きているからです。

ただ、今のマナーのままでは、なりたい自分のグループに入ることはできません。

マナーを学ぶ姿勢があるかどうかは、自分が「お客様」か「学ぶ人」かで違います。

「お客様」は、お金で習うことができます。

「学ぶ人」は、マナーがないと教えてもらえません。

習いごとは、まずマナーを習わないと、いくら高い月謝を払っても教えてもらえないのです。

チャンスをつかめる
ビジネスマナー

01

技術の前に、マナーを学ぼう。

「マナー」の「マナ」は、「学び」の「マナ」です。

たとえば、マナー教室でワインの飲み方を教わって、ベロベロに酔う人がいます。

この人は、「自分はお金を払っているから酔ってもいい」という姿勢です。

ワインの飲み方を学ぶ場合は、口をつけるだけで、必ずしも飲まなくてもいいわけです。そこで酔うほど飲んでしまう人は、お客様の意識でいます。

意識の差は、「受け身」か「自発」かで違います。

受け身はお客様の姿勢で、自発は学ぶ人の姿勢です。

マナーは、自分のなりたい集団に合わせるものなのです。

チャンスをつかめるビジネスマナー

01 □ 技術の前に、マナーを学ぼう。

02 □ 仲間が1日稼いだら、自分も1日稼ごう。

03 □ キレイさより、スピードを優先しよう。

04 □ 相手より、遅く歩かない。

05 □ ICカードを、チャージしておこう。

06 □ 意味なく同行しない。

07 □ メンバーが揃ったら、時間より前に始めよう。

08 □ 「自分待ち」であることに、気づこう。

09 □ 修正を、グズグズしない。

10 □ 知っている人にも、挨拶に行こう。

11 □ 「○○が、お待ちしています」と名前を入れよう。

12 □ お礼状は、その日に、メールと手紙の両方を送ろう。
13 □ トイレにも、名刺を持っていこう。
14 □ 相手よりきちんとした服装でいよう。
15 □ 挨拶の冒頭は、お礼からしよう。
16 □ 「○○はどう思います？」と聞かない。
17 □ 開宴時間ではなく、開場時間に行こう。
18 □ 紹介されるより、紹介しよう。
19 □ スピーチを依頼する時は、予定時刻を伝えておこう。
20 □ 格上の人の、マナーから学ぼう。
21 □ パーティーに、勝手に同行者を連れて行かない。
22 □ 「なんで興味ないんですか」と聞かない。
23 □ ランチや飲み会も、仕事の場であると考えよう。
24 □ 部屋に入る前に、一度止まる。
25 □ 大声になっていることに、気づこう。

26 □ お金の話を、最初にしよう。
27 □ いつでも質問を出せるようにしておこう。
28 □ 興味の質問をしない。
29 □ 自分が成長するための質問をしよう。
30 □ リズム感を、アップテンポにしよう。
31 □ 相手に、恥をかかせない。
32 □ 階段を使おう。
33 □ 書類は事前に、メールしておこう。
34 □ 上司の感想も、送ろう。
35 □ 「お茶」で時間を奪わない。
36 □ 無理やり座らせない。
37 □ 格上の人に、「こんなメリットがあります」と言わない。
38 □ 気配りをされていることに、気づこう。
39 □ 写真を撮らない。

40 □ モノでもお金でもないものを、贈ろう。
41 □ 要件を、メールの3行以内に書こう。
42 □ 見送られる人に、負担をかけない。
43 □ メモパッドの上で書こう。
44 □ 自分の出している音に気づこう。
45 □ ペン先を外に向けない。
46 □ 余白だらけのレポートを送らない。
47 □ メモをノートに変え、レポートにしよう。
48 □ お詫びより、「あっ」と言おう。
49 □ 明るくお詫びしよう。
50 □ 自分の知らないところで、お詫びされていることに、気づこう。
51 □ 副幹事役を自分で見つけて引き受けよう。
52 □ ノックは、ドアの上のほうを叩こう。
53 □ 体調を、常に万全にしておこう。

54 □ 人とモノと歴史に、リスペクトを持とう。
55 □ リスペクトでつながろう。
56 □ 人が話している時に、片づけない。
57 □ リスペクトで発想しよう。
58 □ ムダになる準備をしておこう。
59 □ マナーのない人に、ムッとしない。
60 □ 粗相をスルーしよう。
61 □ 大きなマナーより小さなマナーをしよう。
62 □ 常にオーディションであることを意識しよう。
63 □ 自分より、格上の人からマナーを学ぼう。
64 □ 紹介者に迷惑がかかることに、気づこう。
65 □ 自分が苦しい時に、助けよう。
66 □ 熱くなりながらも、はしゃがない。
67 □ 即、応用しよう。

〔目次〕

第2章　名前を覚えてもらえる挨拶のマナー

第3章 質問と電話で試される話し方のマナー

第4章 自分をレベルアップさせる格上のマナー

第5章　じつは失敗しているアウトのマナー

第6章 どんな状況にも対応できるリスペクトのマナー

第7章 一生つきあいたいと思われる最上級のマナー

〔この一冊で万全〕チャンスをつかめる人のビジネスマナー

第1章

チームに誘われる時間のマナー

仲間が稼いだ時間を、自分でムダにしない。

すべての仕事は、駅伝です。

どんな仕事も、必ずチームワークでしています。

チャンスをつかめる人は、そのワンチームに入れてもらえる人です。

ワンチームに入れてもらえる人と入れてもらえない人との分かれ目は、マナーです。

ここにおけるマナーは、時間に対しての感覚です。

たとえば、本を出版する場合、「原稿を書く」→「原稿を印刷所にまわす」→「著者が原稿をチェックする」→「編集者が原稿をチェックする」→「本のカバーをつくる」という一連の流れ作業があります。

私はいつも、最低でも締切の1日前に原稿を出すようにしています。

チャンスをつかめるビジネスマナー

02 仲間が1日稼いだら、自分も1日稼ごう。

これは「1秒を削《けず》り出せ」という駅伝の発想です。

予定の締切より1日稼ごうと考えるのです。

私が「この編集者との仕事はきついな」と思うのは、「中谷さんが1日浮かせてくれたから、自分は1日延ばしてもいい」と考える人です。

それは駅伝の発想ではありません。

1人の選手が1日稼いだ時、自分も1日稼ぐことです。

「1日ゆっくり走っていい」と考えるのはマナー違反です。

そういう人はチームから自然に外《はず》れて、呼んでもらえなくなります。

「あの人は、早く来た分、のんびりしてるよね」というのは、仕事をしている全員にバレてしまうのです。

「遅いキレイさ」は、役に立たない。

まじめな人ほど、マナー違反になることがあります。

たとえば、出張のレポートを書く時に、まじめな人はきちんと書こうとします。それでは出すのが遅くなります。

いいかげんな人は、きれいに書いていなくても、さっと出します。

上司からすると、すぐ対応できるから、さっと出してくれたほうがありがたいのです。ここにおいての「キレイさ」は要りません。

きれいさより、スピードを優先するのが、ビジネスマナーとして大切です。

上司に早くレポートを渡すことによって、上司はそのレポートを見て、先方への対応を考えて連絡できます。

チャンスをつかめる
ビジネスマナー

03 キレイさより、スピードを優先しよう。

「この間はありがとうございました。うちの者がお世話になりまして」というやりとりをした後で、「実はとんでもない失敗をしてしまいました」というきれいなレポートが届いても、「もう連絡終わってるわ」となります。

先方の人からは、「あの件、何も触れないんだな」と思われてしまいます。

それでは上司に迷惑をかけることになります。

まじめな人ほどマナー違反になるのです。

いいかげんな人がマナー違反なら、まだわかります。

まじめな人がマナー違反をしないためには、スピードを優先すればいいのです。

「歩くのが速いですね」ではない。自分が、遅いのだ。

私は、「歩くのが速いですね」と、よく言われます。

これは勘違いです。

自分の歩くスピードが遅いと気づかないことが不思議です。

自分の歩くスピードのほうが普通で、相手が速いと思い込んでいるのです。

格上の人になればなるほど、歩くスピードは速いです。

世界で一番速いのはホワイトハウスです。

ホワイトハウスはミサイルと戦っているからです。

一緒に歩いていて相手に遅れをとる人は、すでにマナー違反です。

相手のテンポに合わせるのが、格上に対してのマナーです。

格上の人は時間が貴重なので、テンポが速くなります。

格上のテンポに遅れないことがビジネスマナーとしては一番大切です。

そのため、食事の時間も、パーティーの時間も短いです。

ダラダラしません。

来るのも早ければ帰るのも早い、すべてのテンポが速いのです。

帰った後も、その人は仕事をしているからです。

一つの用事を済ませた後に何件も仕事があります。

3時に別れた人が、「この後1件ありますので」という世界です。

ジェームズ・ボンド的な世界で24時間働いています。

時々「こちらです」と案内してくれる人が遅いと、私が追い越すことがあります。

追い越された時点で、自分の歩くスピードの遅さに気づくのがマナーです。

案内している側がお客様を追い越さないのはおかしいのです。

仕事以外でも、トボトボ歩く人は元気が感じられません。

「経営不振なので、ちょっとアドバイスください」と言われて、ある結婚式場に行くと、歩き方の遅い人がいました。

私は「この人の歩き方では、下見に来た人は絶対元気さを感じない」と判断しました。


これが経営不振の原因だったのです。

下り坂になっている人は、歩くのが遅くなります。

案内する人が追い越されて、「右じゃなくて、左です」と、後ろから注意をするのはおかしいです。

「案内の人が前を歩く」という基本的なマナーに、本人は気づいていないのです。

チャンスをつかめる
ビジネスマナー
04

相手より、遅く歩かない。

会社は、学校ではない。叱られないかわりに、待ってはくれない。

電車で移動する時に、ＩＣカードのチャージが足りなくて「すみません、チャージしてきます」と言う人がいます。

ビジネスでは、この人は置いていかれます。

これは、冷たいのではありません。

事前にチャージが足りるかチェックしておくのが、ビジネスパーソンの心がまえだからです。

チャージがギリギリだと気づかない人は、戦争で言えば、銃に弾が入っていないのと同じです。

ほかの人たちはたまたまチャージが足りていたのではありません。

常にチャージを準備していて、自分のせいで全体が遅れないようにしているのです。

ビジネスでは、流れに遅れないようにすることが大切です。

日常生活で、電車に乗る時のＩＣカードのチャージが足りないのは、「置いて行かれて結構です」という意思表示です。

マナーは、準備です。

学校の修学旅行では待ってくれます。

マナー違反をする人は、修学旅行の気分が抜けていないのです。

ＩＣカードのチャージが足りない人は、ただその日の電車に置いていかれたのではなく、永遠に仕事から置いていかれます。

ここから、ＩＣカードのチャージの準備というマナーを学べばいいのです。

チャンスをつかめるビジネスマナー

05

ＩＣカードを、チャージしておこう。

同行は、相手の時間を奪う。

ビジネスでは、インターンや部下になっても同行することがあります。

同行することは、相手の時間を奪っていることに気づく必要があります。

たとえば、講演が終わって、「駅までお見送りします」と、お見送りされることがあります。

タクシーに乗る時は、お見送りは要りません。

クルマで送ってもらうと、その間、感じ悪くなるのでほかのことができなくて自由行動を奪われます。

お見送りは、する側はいいマナーだと思い込んでいます。

相手側からすると、結果として時間を奪われることになります。

それよりも、「それじゃ、こちらで失礼します」と見送りをしないほうが、一段上のマナーになります。

お見送りは、ありがた迷惑で、意味のない同行です。

そういう人に限って、ICカードが切れていたり、歩くのが遅いのです。

見送られている側としては、相手を待たないのは感じの悪い人になります。

そうやって相手に気を遣わせる見送りは、マナー違反なのです。

チャンスをつかめる
ビジネスマナー

06

意味なく同行しない。

会議は、遅れる人を待たずに始める。

会議は、必ず遅れる人が1人います。

その人は待たないのがマナーです。

マナーは、マナーのいい人に合わせます。

必ず遅れて来る人はいるので、先に始めておきます。

予定開始時間よりも早くメンバーが揃《そろ》った時は、予定開始時間を待たずに始めます。

これがビジネスマナーです。

講演で「皆さん揃われているので始めましょうか」と言うと、「予定時刻より前に始めるとクレームになることがあるので……」と、開始時間まで待つ主催者が時々、います。

ビジネスマナーでは、早く来た人が基準です。

遅く来る人や予定時刻は基準になりません。

早く来ている人は、ヒマではないのです。

ヤル気があって、やりくりして来ている人に合わせればいいのです。

メンバーが揃っているのに、開始時刻まで待つのはおかしいです。

「誰かから予定どおり始めてほしい」とクレームが来るかもしれないからビクビクしているだけです。

私は「クレームが来たら、僕が謝るから、それでいい」と伝えます。

誰が責任をとるかという責任問題に逃げるのは、自己責任を背負えない人です。

マナーはマニュアルではありません。

マニュアルは、「マニュアルで決まっているから」と、責任転嫁できます。

マナーは、マニュアルをその場に合わせて調整することです。

マナーよくしようとすると自己責任になります。

文句を言われたら、「すみません」と謝ればいいのです。

謝ってもいいから、時間をムダにしないことです。

そうしないと、みんなが会議に遅れて来るようになります。

みんなが会議の開始時間に集まらなくなるのは、その前に「早く来てもどうせ始めない」という悪い流れをつくっているからです。

マナーは、社風としてでき上がるものです。

たとえば、アミューズメントのナンバーワングループのラウンドワンは、朝8時開始の会議は、ほぼ朝8時に終わります。

全員が時間より早く来るからです。

早く来たら「始めましょう」と始める習慣が社風になるのです。

チャンスをつかめるビジネスマナー

07

メンバーが揃ったら、時間より前に始めよう。

会食で、自分のテンポが遅いことに気づく。

会食のテンポは一番遅い人に合わせるのが会食のマナーです。
これはビジネスマナーではありません。
ほとんどの人が下の句を忘れるのです。
「自分待ち」という時間をつくらないのがマナーです。
自分待ちになっている人は、相手を待たせていることにまったく気づいていません。
「会食は、一番遅い人のテンポに合わせる」というのは天皇陛下も同じです。
陛下が食べ終わると、片づけが始まります。
陛下は、まだ食べている人がいると、わざと食べ終わりません。
最後の一口を残しておいて、一番遅い人に合わせてそれを食べます。

陛下に申しわけなくて、「一番最後の人、気づこうよ」と言いたくなります。

一番最後の人間は、自分が天皇陛下を待たせているということに気づく必要があります。

会食でも、自分が一番テンポが遅いということに気づけばいいのです。

「私、食べるのが遅い人間ですから」と言う人は、早く食べようとしていないのです。

待つ側の人は、「何を味わっているんだ。それなら1人で食べに行け」という気持ちになります。

1人で食べに行くなら、いつまでも味わっていてOKです。ビジネスランチやビジネスブレックファーストを食べている時は、好き勝手しないことです。

食べるのが遅い人は、まわりの人と話している場合ではありません。

話をしたければ、食べ終わってから話せばいいのです。

チャンスをつかめる
ビジネスマナー

08

「自分待ち」であることに、気づこう。

速く動き、速く修正する。

マナーでは、常に速く動くことが大切です。

遅くて困ることはあっても、速すぎて困ることは、ないのです。

大切なのは、初動が速いこと、そして修正が速いことです。

修正の速さは個人差が大きいのです。

初動が速いわりに修正が遅い人もいます。

修正とは、今までしてきたことを変えることです。

「せっかくやったのに」という心理的バイアスがかかると、スピードが一気に遅くなるのです。

ビジネスマナーのある人は、「ハイ、わかりました」と、さっと変えられます。

クオリティーが高く、スピード競争にも勝てる人は、修正が速いのです。


スピード競争は初動の勝負だと思われがちです。

実際は、修正の速さです。

アメリカのＩＴ企業は、修正のスピードが圧倒的に速いのです。

格下は、初動も遅いし、修正も遅いのです。

うまくいかないと思ったら、さっとやめるのが格上の企業です。

ビジネスマナーも同じです。

上司は凄《すご》いスピードで仕事を始めます。

部下は必死にそれについていきます。

上司が「やっぱりＡじゃなくてＢにして」と言った時も、「ハイ、わかりました」と言って、すぐについていくことが大切です。

これがビジネスマナーの共有です。

「エッ、急いでしたのにムダになるの？」と、グズグズ言っていると、上司から「こいつ使えないな」と思われます。

マナーで大切なのは、修正をグズグズしないことです。

指示を出す側は、修正の指示を出した時にグズグズ言われるのが一番嫌いです。

それで、ほかの人に頼んだり、自分でしてしまいます。

「君はしなくていい」と言われた時点で、切り捨てられたということです。

そこでほっとしていてはいけないのです。

チャンスをつかめるビジネスマナー

09 修正を、グズグズしない。

第2章

名前を覚えてもらえる挨拶のマナー

一度挨拶している人にも、何度でも挨拶する。

挨拶は、大切なマナーの一つです。

一番危ないのは、1回会ったことがある人、すでに名刺交換をしている人への挨拶を忘れがちなことです。

誰でも、初めて会った人には名刺交換に行きます。

その場に、以前、名刺交換した人がいると、「自分は前に挨拶しているし」と、その人への挨拶がおろそかになるのです。

挨拶は、その日、その日でするものです。

挨拶の基準は、少なくとも同じ日に最低2回です。

会った時と別れる時の2回、挨拶をします。

チャンスをつかめるビジネスマナー

10 知っている人にも、挨拶に行こう。

「あの人はもう知っている人だから挨拶しなくていい」「この人は知らない人だから挨拶に行く」と、分けないことです。

知っている人にも挨拶に行くのが、マナーとしては大切です。

「あの人には自分から挨拶に行かなくていいだろう」と思わないことです。

相手から挨拶に来られた時点でアウトです。

自分から行っていないからです。

相手に挨拶されてから挨拶をするのは、ただ返事をしただけです。

挨拶と返事とでは大きな違いがあるのです。

自分の名前を入れて、挨拶する。

チャンスをつかむのは、名前を覚えてもらった人です。

挨拶をする時は、必ず自分の名前を入れます。

名前を覚えてもらわなければ、その人にチャンスは来ません。

名前を覚えてもらう方法の一つは、何回でも名刺を出すことです。

たとえば、講演がある時、普通は「5分前にお迎えに上がります」と言って終わります。

その時、「**5分前に、私、中谷がお迎えに上がります**」と言うと、自分の名前を覚えてもらえます。

待ち合わせ場所を伝える時は、「**改札のところで、私、中谷がお待ちしております**」

と言います。

「明日、空港までのお送りを、私、中谷が8時に伺いますので」と、名前を必ず入れる習慣のある人とない人とで、くっきり分かれます。

相手側から「名前は何でしたっけ？」とは聞かれません。

名前を聞くのは失礼と思うからです。

そのまま「名前がわからない人」という形で記憶に残ります。

そのつど、そのつど、名前を入れるチャンスはあります。

「覚えてます？」は、マナー違反です。

名乗らないことも、マナー違反です。

それと同時に、相手から名前を知りたいと思われた時に損をしているのです。

チャンスをつかめる
ビジネスマナー

11 「○○が、お待ちしています」と名前を入れよう。

名刺交換を自分からして、メールしないのは、マナー違反だ。

名刺交換は手段であって、目的ではありません。

名刺交換が目的になっている人は、それで安心してしまうのです。

名刺交換をした後、格上の人が、その名刺をどうしているか知らないからです。

実際は、全捨てしています。

1日の名刺交換数が何百枚なので、とっておくわけがありません。

自分が渡した名刺は、相手の名刺をもらうための道具であって、捨てられていいのです。

もらった名刺にはアドレスが書かれているので、お礼のメールを送ります。

ここからがやっとスタートラインです。

私の体験的確率は、名刺を渡した人の中からメールが来るのは0・5%です。

200人に1人の割合です。

お礼のメールを送る人は、200人に1人の覚えてもらえる人になれるのです。

時々、「メールと手紙のどちらを送るほうがいいですか」と聞く人がいます。

格上は、メールと手紙の両方を送ります。

まずその日にメールを送ります。

そして、その日に書いた手紙を投函《とうかん》します。

翌日投函しても、2日後には着きます。

きちんとした人は、この最低2段階のことをしています。

そのためには、お礼状用の便箋《びんせん》・封筒を常に用意しておきます。

送るたびに買いに行っていると、またそこで遅くなります。

その便箋・封筒は季節と連動させて、常に買いかえます。

春にもみじの柄の入った便箋を送ると、「この人は古いものを使いまわしている」という印象になります。

常に季節を先まわりして用意しておくのです。

春夏秋冬では大ざっぱすぎるので、季節をもっと細かく分けた柄の便箋・封筒は鳩居堂に行けばいくらでも売っています。

季節に合わせた便箋・封筒を使っていると、「この人はこういうことをこまめにしている」ということがわかります。

お礼状に会社の便箋・封筒を使うのはNGです。

「この人は個人的にお礼状を送っているのではなく、仕事としてやっているんだな」と思われます。

仕事だからしているという印象は、ビジネスマナーとしてはアウトなのです。

チャンスをつかめる
ビジネスマナー

12

お礼状は、その日に、メールと手紙の両方を送ろう。

コンビニにも、名刺を持っていく。

メール社会になるほど、名刺は大切です。

コンビニに行く時に名刺を持っているかどうかが勝負です。

コンビニに行く時に名刺を持っている人は、いつも名刺を持っているということです。

「ちょっとトイレに」と行く場合も名刺を持っています。

いつ、どこで誰に会うかわかりません。

名刺を出すと、相手も名刺を出してくれます。そうすると、相手に連絡できます。

会いたかった人に会っても、「すいません、今、名刺を持ち合わせていなくて」と言うと、向こうは名刺を出しません。

せっかく出会ったチャンスをここで逃してしまいます。

「まさか」と思うところで出会いがあることを「運」と言うのです。

名刺を持ち合わせていない人は、運を最初から放棄しているということです。

いつも名刺を持っておけばいいのです。

仕事によっては、名刺のない部署の人もいます。

「私はまだ渡されていない」と言うのは、名刺を持っていない理由になりません。

会社からもらう名刺である必要はありません。手書きの名刺を持ち歩いて、出会った時に渡せるようにしておくかどうかで、チャンスをつかめるかどうかが決まります。

名刺の貴重さは、日本人が一番わかっています。

名刺は、出会いをその後につなげるか、そこで終わるかの分かれ目になる大切なツールなのです。

チャンスをつかめる
ビジネスマナー

13 トイレにも、名刺を持っていこう。

コンビニにも、きちんとした服装で行く。

コンビニに行く時に大切なことは、きちんとした服装をすることです。
どこで誰に出会うかわかりません。コンビニで弁当を選んでいる時に、出会う可能性もあります。常に失礼のない格好に着がえて、いつ出会ってもいいという態勢でいると、運をつかめる人になります。

運は、その人の気持ちで確率が変わるのです。

たとえば、ギャンブルで1の目を出す確率は6分の1です。
「1を出したい」と思った時に1が出る確率は、6分の1より大きくなるのです。
ギャンブルをした時に、自分が負けるほうに保険で賭けることがあります。

負けるほうに賭けると、負ける確率が一気に上がります。

運が負けるほうに向かうのです。

「今日、この格好で誰にも会いたくない」と思っていると、会わないのです。

きちんとした服装でいるから出会うとは限りません。

ただ、きちんとした服装をしていない時は「誰とも会わなければいいな」という気持ちがすでに働いています。それは、みずから確率を下げています。

出会いでその人の人生は変わるので、そのチャンスを下げないことです。

偶然のタイミングで会った時に、「あの人、ふだんきちんとしているけど、実はこんな感じなんだ」という印象は、相手に焼きつきます。

格上の人は、たい焼き屋で会っても、コンビニで会っても、きちんとした格好をしています。

きちんとした場は、みんながきちんとしているので、そこでは差がつかないのです。

チャンスをつかめるビジネスマナー

14 相手よりきちんとした服装でいよう。

「お忙しいですか」で、チャンスをなくす。

挨拶のマナーで大切なのは、「お忙しいですか」と言わないことです。
冒頭から「お忙しいですか」と言われると、「そんなの当たり前だろう」と言いたくなります。

「お忙しいですか」と言う人は、ほかに言うべきことを忘れているのです。

ある結婚式でコシノヒロコさんにお会いしました。
「ヒロコ姉ちゃん、こんにちは」と挨拶をすると、「この間、芦屋《あしや》のパーティーで中谷塾の方に手伝いに来ていただいて、ありがとうございました」と言われました。

挨拶で一番にすることは、お礼です。

初対面であっても、「中谷さんの本を若い頃からずっと読んでいました。私が今ここにこうしてあるのは中谷さんのおかげです」というようなことは言えます。

それを「お忙しいですか」「お忙しいですよね」と言うのは、「あなたには興味がない」「あなたには感謝することがない」と言っているのと同じです。

コシノヒロコさんは、「中谷塾の方に手伝いに来ていただいて」とか「みんなタキシードで来ていただいて」とか、いくつもお礼の言葉が出てきます。

格上の人は、一つお礼を言うだけで、三つぐらいお礼が返ってきます。

これが挨拶なのです。

チャンスをつかめる
ビジネスマナー

15 挨拶の冒頭は、お礼からしよう。

けなすウンチクより、褒めるウンチクを話す。

ウンチクには、「いいウンチク」と「悪いウンチク」の二通りがあります。

いいウンチクは、褒めるウンチクです。
悪いウンチクは、けなすウンチクです。

たとえば、ビジネスミーティングで会った相手に、いいスーツと悪いスーツの見分け方のウンチクを話しました。

その時、相手が悪いほうのスーツを着ていたら気まずくなります。

ウンチクを話す前に、相手をよく見ておくことです。

大切なのは、「ほらね、これがいいスーツなんです」という形で、相手をほめるところへ持っていくことです。

お寿司屋さんのカウンターで、いいネタと悪いネタの見分け方の話をする時に、「ほらね、こういうのが悪いネタなんですよ」と言うと、連れの人はイヤな気分になります。

お店のご主人も気分を害します。

それを隣のお客さんも聞いています。

その場の雰囲気がマイナスに転ぶようなウンチクは、言わないほうがいいのです。

「Aさんについてどう思いますか」という質問も、その時点でネガティブなほうへ誘導尋問しています。

この瞬間に、「あの人はAさんについて、こう言っていた」という記憶が残ります。

まわりの人も聞いているし、Aさん本人が聞いていることもあります。

私はそういう時に「お会いしたことがないので、なんとも言えないですね」と言うことにしています。

挨拶で大切なのは、相手と自分の話をすることです。

第三者を出した時点で、目の前の相手に興味がないと言っているようなものです。

「じゃ、その人と会えよ」ということになります。

会話で一番大切なマナーは、自分と相手以外の話を出さないことなのです。

チャンスをつかめる
ビジネスマナー

16

「○○はどう思います？」と聞かない。

パーティーは、始まる前で勝負が終わっている。

ビジネスでパーティーの場面はよくあります。

パーティーには、「開宴時間」と「開場時間」の2段階があります。

客入れの時間が開場時間、始まるのが開宴時間です。

ほとんどの人が開宴時間に来ます。

実際の勝負は、開場時間から開宴時間の間で終わっています。

ここで知り合っておかないと、会場で着席した後は誰がどこにいるかわかりにくくなります。

照明が暗くなると移動もできません。

開場時間から開宴時間までの間は自由に動けるので、ここで挨拶したり、誰かと知り合っておくことによって、その人がまた誰かを紹介してくれたり、自分が誰かを紹介してあげられます。

一番の勝負は、開場時間です。

開宴してしまうと、主賓や主催者は壇上にいて声をかけられません。

本来、主賓にも、幹事役にも挨拶に行く必要があります。

主賓・主催者・幹事役に挨拶に行ける時間は、開宴の前の時間しかありません。

パーティーでのビジネスマナーに慣れている人は、開場時間に来ます。

パーティーに慣れていない人は、開場時間より遅れて来ます。

その結果、壇上にいる主賓に挨拶ができなくなってしまうのです。

チャンスをつかめるビジネスマナー

17 開宴時間ではなく、開場時間に行こう。

パーティーでは、紹介係に徹する。

「パーティーに行くと手持ち無沙汰《ぶさた》になる」と言う人がいます。

その人は、誰かが紹介してくれるのを待っているのです。

大切なことは、紹介されるのではなく、紹介する側にまわることです。

開場時間に来ていれば、そこで話している人を「ご紹介しましょう」と言って、輪をどんどん広げられます。

会が始まってから遅れて来ると、そこからは誰も知り合いができません。

誰も知り合いがいない会でも、開場時間に行って一人と知り合っておけば、その人を誰かに紹介することができます。

コシノジュンコさんは、誰もが知っている有名人です。

放っておいてもジュンコさんのところに人が集まります。

ジュンコさんは紹介の達人です。

「この人はこういう人で」「この人はこんな面白い人で」「この人はこんなすごい人で」と、みんなに紹介してまわります。

紹介しなくていい人が、紹介しているのです。

そこへまた人が集まります。

紹介してほしいと思っているだけの人には、人がまったく集まりません。

そういう人は、講演会の後に懇親会があると、立ってはいけないところに立ちます。

懇親会で立ってはいけないところは3カ所です。

①　入り口
入り口に人がいると一番困ります。

②　壁ぎわ
壁ぎわに行くと、ホコリの吹きだまりのようになってしまいます。

「壁の花」と言うのは、壁ぎわに人が行かないからです。

常に会場内を動けばいいのです。
壁ぎわに立っていても誰も来ません。
壁ぎわの空気はよどんでいるのです。

③ 料理台の前

料理台の前にいる人は、出会いを捨てて、料理で元をとろうとしています。
ビジネスパーティーでは食べないことです。
格上のマナーでは、立食のビジネスパーティーがある時は先に食べていきます。
会場では、一切、食べたり飲んだりしません。
グラスも持ちません。
グラスを持たないのは、握手する手が冷たくならないようにしているのです。

チャンスをつかめるビジネスマナー

18 紹介されるより、紹介しよう。

パーティーは、ゲストがすぐ帰ることを、前提にする。

パーティーに来た格上の人が「次から来にくいな」と思うセリフは、「もう帰られるんですか」です。

通常は忙しい中、少しでも顔を出そうと思って、わざわざ移動の往復時間込みでパーティーに行っています。

それなのに「もう帰られるんですか」と言われた時点で、「すみません」と謝らなければなりません。

マナーは、相手に謝らせないことです。

相手がすぐに帰ることを前提に話しかけます。

たとえば、**「中谷さん、ここからつまらない時間帯になりますから、早く帰ったほう**

がいいですよ」と言ってくれるのはありがたいです。

「もう帰られるんですか」「何か召し上がってください」「何か飲んでください」と、料理を持ってこられると、忙しい人は「次はちょっと行きにくいな」と思います。

着席制になっているパーティーも帰りにくいです。

着席か立食かは、事前に通知しておいてほしいです。

スピーチがあるなら、スピーチの予定時刻を事前に知らせてもらえば、必ずその予定を入れます。

これは政治家のパーティーと同じです。

総理大臣や幹事長など、党首が来る時は、事前にその時間だけ来るというダンドリがあります。

困るのが、そっと帰った後に、スピーチで名前を呼ばれることです。

パーティーでは、「スピーチをするならこの辺だろう」というのが想定できます。

私は、そのタイミングで呼ばれなければ、「今日はスピーチはないんだな」と思って帰ります。

その後に、「締めの挨拶を、中谷さんいらっしゃいますか。中谷さんはもうお帰りですか」と呼ばれると、感じ悪い印象になります。

場が盛り下がるのを防ぐためにも、「スピーチが何時何分頃にあります」と事前に伝えておいたほうがいいのです。

開場時間から行っているのに、パーティーの途中で「今日、中谷さん、締めの挨拶をお願いします」と言われると、「それ、最初から言ってよ」と、ガッカリします。

オープンからラストまでいなければならないからです。

事前にスピーチの依頼をしていなかったために、その人が次から来てくれないとなると、損です。

全体はいられないけれども、顔を出すだけなら来られるという人が世の中にはたくさんいます。

格上の人ほどそうなります。

そういう人にもパーティーに来てもらったほうがいいのです。

格上の人を最初から最後まで拘束すると、「最初から最後まではちょっといられないので」と、次からは欠席になってしまうのです。

チャンスをつかめるビジネスマナー

19

スピーチを依頼する時は、予定時刻を伝えておこう。

並んで待っている人に、挨拶する。

しなくてもいいことをするのが、格上の人のマナーです。

芦屋の「ＫＨギャラリー」は、コシノヒロコさんが以前住んでいた家をギャラリーにしたものです。

そこでコシノヒロコさんと横山幸雄さんのコンサートがありました。

来た人たちが入り口のところで行列になっていました。

コシノヒロコさんは、行列に並んでいる一人ひとりに「わざわざ来ていただいてありがとうございました」と、挨拶をしました。

本来、主役はそんなことをしなくていいのです。

並んでいる人をほっといて金屏風《びょうぶ》の前に立つことで、自分が主役になって、自分の会にみんなを来させたことになります。

主役であればあるほど、自分が挨拶にまわることが大切です。

格上の人は、パーティーでも、みんなに来させるのではなく、自分が動くという形をつくります。


格上の人は、すべての人を覚えているわけではありません。

ビジネスマナーで大切なのは、格上の人の横について、来た人をきちんと紹介できることです。

この時、「あっ、〇〇さん、どうも御無沙汰しています」と言うのがコツです。

そうすれば、格上の人は「ああ、〇〇さん」と、覚えていたかのような芝居ができるのです。

会社でも、気遣いのできる人はみんなの名前をきちんと覚えています。

上司にも、その名前をさりげなくパスできます。

この時「〇〇さんです」と紹介すると、上司は全然覚えていなかったということになります。

「ああ、○○さん、どうも御無沙汰しています」と言って、その声を上司に聞かせるのがよいマナーです。

コシノヒロコさんが一人ひとりに挨拶しているという話は、中谷塾の塾生から聞きました。彼らはコシノヒロコさんの会に参加して、格上の人がどれだけ素晴らしいマナーをしているかを目撃したのです。

これが格上の人がいるところへ行くことのメリットです。

いいお店に行くと、感想は二通りに分かれます。

多いのは、「五つ星ホテルのわりにはダサいお客さんが多かったです」という感想です。その人が見ているのは、ダサいお客さんです。

「ダサいお客さんがいる」とか「マナーの悪いお客さんがいる」と言いますが、お金を出せば入れるので、そういう人はどこにでもいます。

見たほうがいいのは、カッコいい人、オシャレなマナーの人です。

「マナーの悪い人がいた」と言うのは、自分が勝ったと思いたいからです。

その瞬間に、その人は成長しなくなります。

成長する瞬間は、自分よりも格上の人を見て、「ワァー、カッコいいな。それに比べて自分はカッコ悪いな」と気づけた時です。

自分ではきちんとしているつもりでしたが、実際はまったくきちんとしていなかったことを思い知らされるのです。

そこに格上の場所に行く意味があります。

大切なのは、格上の人がいるところに行って、格上の人のカッコいいところを見ることなのです。

チャンスをつかめるビジネスマナー

20 格上の人の、マナーから学ぼう。

招待状なしに、パーティーには行けない。

格上の人は、パーティーに対する考え方のベースが違います。

仲間内の集まりなら、「○月○日に集まってください」という形になります。

格上の人の会は、紹介状なしには入れません。

勝手に同行者を連れていくのもNGです。

「私の友達で面白い人がいるので、連れていっていいですか」と問い合わせると、「今回は少人数のパーティーなので、次の機会にぜひ紹介してください」という形で断られます。

主催者の知らない人が来ると、招待した人たちの快適さを壊す危険性があるからです。

「〇〇さんを連れていっていいですか」と言った時点で、その人は次回から招かれなくなります。

「この人は招いてもらっていることの意味がわかっていない」と思われるのです。

誰でも大勢来てにぎやかになればいいという会に慣れていると、格上の会には参加できなくなります。

相手側のダンドリとしても、パーティーにどんな人が来るかわからないと運営できないのです。

会議においても、参加者をきちんと伝えることで、相手側はそれでダンドリを組みます。

それによって、配付資料のコピー数も決まります。

当日いきなり参加することは、やはりマナー違反なのです。

チャンスをつかめるビジネスマナー

21 パーティーに、勝手に同行者を連れて行かない。

第3章

質問と電話で試される話し方のマナー

「～に興味ありますか」と聞かない。

何か相手に尋ねる時に、「～に興味ありますか」という質問はビジネスマナーとしてはアウトです。

「興味ありますか」と言われると、聞かれた側は「ない」とは言いにくいです。

相手はその絡みで何か話したいわけです。

ただ、「あります」と言うのも、「セールスだったらどうしよう」という心配があります。

これは、どちらにしても相手を身構えさせる質問になるのです。

この質問をされた時、私は教育的見地から「ありません」と答えました。

すると、「なんで興味ないんですか」と聞かれました。

チャンスをつかめる
ビジネスマナー

22

「なんで興味ないんですか」と聞かない。

興味のないことに理由はありません。

興味があることに理由がないのと同じです。

この展開はきつかったです。

自分が振った話に食いついてこないということは、相手にとっては興味のないことなのです。結果として、**「〜に興味ありますか」と聞く人には興味がなくなります。**

その人に話しかけられないように、離れてしまいます。

「中谷さん、○○なんて興味ないですよね」と言うのもおかしいです。

その人は謙遜して「○○なんて」と言ったのです。

私はその「○○」は好きなのです。自分の好きなものを「○○なんて」と言われるのは、気分のいいものではありません。

格上の人に興味の質問を振るのは、マナー違反になるのです。

低レベルの会話は、グループ全体のレベルを下げる。

一緒にごはんを食べに行った時、そのグループ自体の会話の中身が低レベルにならないことが大切です。

お店で一番分かれるのは、客層です。

このお店が、自分が来るべきところかどうかという判断は、客層でわかります。

「ここは自分が来るお店じゃないな」とわかると、そのお店がどんなにおいしくても行かないのが格上の人です。

その判断基準は、来ているお客様です。

スタッフ・インテリア・料理・価格はまったく関係ありません。

会話の中身で「この程度の会話をするお客様がいるお店には自分は来ない」と判断

するのです。

グループでいる時、自分が低レベルの話をすると、そのグループ全員が沈没します。

ランチや飲み会は気が緩むので危ないのです。

会議室で低レベルな話はしないのに、お昼ごはんや飲み会の席になると、会話が突然低レベルになってしまうのです。

ランチや飲み会も含めて24時間、仕事の場であるという意識が必要です。

ビジネスマナーと言っても、ビジネスマナーとプライベートマナーという分類はありません。24時間、ビジネスマナーの意識でいることが大切です。

グチ・ウワサ話・悪口・下ネタ・知性や教養のない会話は、低レベルの会話です。

「こんな本を読んだらこんなことが書いてあった」というAグループと、「ネットにこんな情報が出ていた」というBグループとでは、会話のレベルが違うのです。

チャンスをつかめるビジネスマナー

23

ランチや飲み会も、仕事の場であると考えよう。

話しながら、部屋に入らない。

会議室やオフィスには、話しながら入らないことです。

中の状況がどうなっているかわからないからです。

緊張すると、人はお喋りになります。

ペーパードライバーの人や、新人のタクシー運転手さんが運転をすると、凄《すご》く話すのも緊張しているからです。

たとえば、これからプレゼンテーションがある時に、緊張をほぐすために仲間と会話をしていました。

その会話をしたまま会場に入るのはマナー違反です。

レストランも、話しながら入ってくるグループがあります。

そうすると、お店にいるお客様は「うるさいのが入ってきた」と、ガッカリします。

「今おかわりしようと思ったけど、帰ろう」となったりします。

結局、これはお店に対しての営業妨害です。

静かに入ってきた人は、その場の状況に合わせたトーンにできます。

話しながら入ってきた人は、その場の音が聞こえないので、ワイワイ言っている修学旅行状態が起こります。

これを防ぐためには、部屋に入る前にいったん止まることです。

ドアをノックする前に、中の音量を把握するという一瞬を持つことが大切です。

神社に入る前の意識でいればいいのです。

神社の鳥居の前でいったん立ちどまって、一礼して入っていくのと同じ感覚で、会議室やお店に入ります。

その意識でいると、失敗しません。


私の実家はスナックです。

静かな雰囲気で飲みたいお客様がいる時に、ワイワイグループが来ると迷惑です。
大勢でなく、2人や3人でも、凄くワイワイした状態になります。
ワイワイしている人たちは、自分たちのワイワイさに気づきません。
静かにしている人からすると、そのワイワイの音で「早く帰りたい」となるのです。
常にお店の人から愛されるお客様になることです。
私は、近所に凄くいいお店があったのですが、行かなくなりました。
たった1人の常連の女性のお客さんの声がうるさいからです。
部下を説教する時に、いつもそこを使うのです。
説教用に使われているお店は潰《つぶ》れる可能性があります。
かわいそうなことに、混んでいたお店が一気にすきました。
それは、お店の人が注意できなかったという自己責任でもあるのです。

チャンスをつかめる
ビジネスマナー

24

部屋に入る前に、一度止まる。

小声で話されたら、「声が大きい」と注意されているのだ。

相手が小声で話すのは、「すみませんけど、もうちょっと小さな声で話してくださ い」という意味です。

「あなたの声が大きいです」と注意するために、小声で話しているのです。
中には、小声で話すと「聞こえない」と言う人がいます。
自分が今注意されていることに気づかないのです。
人はお酒が入ると声が大きくなります。
お酒が入らなくても声が大きくなるのは、緊張している状態です。
自分が緊張したり、背伸びをするような格上の場所に行くと声が大きくなります。
「ここで自分が格下だと思われたくない」というアピールです。

お酒を飲んでいなくても酔っ払った状態です。
その時点で、「あの人は緊張しているんだな」とバレます。
マナーよくできると、その場でリラックスしていることが証明できます。
余裕があるからマナーよくできるのです。
マナーのいい人には、余裕を感じます。
声が大きい人は、余裕のない状態なのです。

チャンスをつかめる
ビジネスマナー

25

大声になっていることに、気づこう。

お金の相談を後まわしにしない。

仕事には、お金が絡みます。

お金の話は、なかなかしにくいです。

お金が潤沢《じゅんたく》にあるならまだしも、お金が潤沢にある仕事はありません。

お金の相談は必ずコストダウンの話になります。

コストダウンの話は最初にしておきます。

その時、あまり苦しそうな顔でしないことが大切です。

コストダウンの話を苦しげにすると、聞かれた相手が悪になった感じになります。

悲壮感が漂う顔でお金の話をしないことと、お金の話は後まわしにしないで最初にするのがマナーです。

言いにくい話を後ろに持ってこられると、「まだほかにあるんじゃないか」と疑心暗鬼になります。

最初に、言いにくい話をスッキリ出してくれる人のほうが信用されるのです。

チャンスをつかめる
ビジネスマナー

26

お金の話を、最初にしよう。

いい質問は、究極、1個に集約される。

誰か人に会う時には、その人に「何か質問ある？」と言われた時に、すぐにポンと出すことが大切です。

その場で考えているようでは、質問は出ないのです。

相手は、そこであなたのセンスを見ています。

質問とは、問題意識です。

たとえコンビニで会ったとしても、「いいところで会いました。お会いしたらこれを聞こうと思っていたんです」と言えるかどうかです。

常にその人に聞きたいことがあるのは、相手に対して関心があるということです。

質問で大切なのは、1問であることです。

質問がたくさんあるのは、自分で考えていないからです。

相手にあまり興味がない時は、質問がたくさん浮かびます。

自分が真剣に悩んでいる問題が100問もあるわけがないのです。

究極、1個に集約されていきます。

考えて考えて考え抜いて、「これは絶対にあの人に聞こう」という質問は、いい質問になります。

答える側も、つい答えたくなるのです。

チャンスをつかめるビジネスマナー

27 いつでも質問を出せるようにしておこう。

質問を聞くことで、自分への興味がわかる。

直接会っている人を、ネットのかわりに使うのは失礼です。
「ネットで見ればわかる質問」をしないことです。
質問を聞くと、その人がどれだけ自分に興味があるかがわかります。
質問する時は、相手の生き方に関わることを質問します。
知識的な質問は質問ではありません。
それはただのクイズです。
相手に「知らない」と言わせることになるのです。
「それって何年頃からですか」というのは知識の質問です。
それを知ってどうなるのかという話です。

チャンスをつかめるビジネスマナー

28 興味の質問をしない。

質問をする時は、自分が生きていく上で大切なこと、自分が次のステップに行くために必要なことを聞くことです。

格上の人は憧れの人であることが多いのです。

質問の中にファン的な気持ちが入ってくると、マナー違反が起こります。

たとえば、「果物では何が好きなんですか」という質問をしてしまいます。

「それを聞いて君の人生に何が起こるんだ」と言いたくなります。

ファン的な気持ちになると、一問一答の質問攻めになっていきます。

それはアイドルへの興味の質問の仕方なのです。

質問のマナーは、驚くこと。

質問に答えた時に、「あっ、そうか。今まで逆をやっていた」と驚く人には、教えた感があります。

「それってよく言いますよね」と言われると、「よく言うことを教えちゃったよ」という残念な気持ちになります。

「私は前からそうしていますす」と言われると、教えがいがないのです。

「前からしています」と言う人は、実際にはしていないのに自己弁護に走るのです。

「そういうことじゃなくて」と言う人は、自分の質問と答えをつなげようとしていません。

質問に対するマナーのない人は、チャンスを失うのです。

その人の中には、「こういう答えが欲しい」という思いがあります。

それと違う答えが返ってきた時に、「なんか違う」と思うのです。

それは今の自分を肯定してほしいだけです。

格上の人は、「成長するためには、こうしたほうがいいよ」と言ってくれます。

今の自分を肯定しないで、さらに次を目指したほうがいいというアドバイスです。

ここで「次は要らない」となるのは、違った形の質問です。

いつ誰に会っても質問をポンと出せるのは、自分が抱えている問題から逃げずに、常にそれを見つめ続けているからです。

懇親会での質問で答えがいのある人とない人との分かれ目も、そこにあるのです。

その人のビジネスマナー度は質問のレベルでわかります。

「睡眠は何時間ですか」という質問をされても、そんなことを聞いてどうするのかということです。

相手のことをあまりにも好きすぎた場合に、そういうことが起こるのです。

それを聞いたからといって、その人の何かが変わることはありません。

「いつもどういうところで食事をされるんですか」という質問も同じです。
それを堀江貴文さんのツイッターを見て、同じレストランで食べたとしても、堀江さんになれるわけではないのです。

チャンスをつかめるビジネスマナー

29 自分が成長するための質問をしよう。

電話のマナーは、相手のリズムに合わせることだ。

電話が得意な人が、チャンスをつかみます。

電話が苦手な人が増えています。

電話は、もともと固定電話がベースで、誰からかかってきたかもわからなかったのです。

電話では明るく小さい声で話したほうがいいのです。

元気いっぱいの人は、相手の耳につらいのです。

電話はコミュニケーションの基本です。

相手が今急いでいるのかどうか、常に相手が置かれている状況を考える必要があります。

ビジネスの電話は、短くコンパクトが一番です。

そこで大切になるのがリズム感です。


マナーは相手のリズム感に合わせることです。

マイペースは最もマナー違反になるのです。

電話に出る時は、相手のリズム感を感じて、そのリズム感に合わせる形にします。


パーティーも同じです。

私はパーティーでMCをする時に、スピーチをしてもらう人を呼ぶリズム感をアップテンポにして、会をコンパクトにしています。

それなのに、呼ばれてから一口飲んでいる人がいるのです。

テーブルの人への会釈《えしゃく》も要りません。

順番は前もって言ってあります。

自分の順番が来たらマイクのそばにいてほしいのです。

これがリズム感です。

わかりやすいのは予約の電話をする時のリズムです。
予約の電話で言うことは、何日、何時、何名しかありません。
電話番号は向こうから聞いてきます。
何度か予約の電話をしていると、その流れがわかってきます。
相手から聞かれることを想定して、聞かれたら、即、答えます。
「ご連絡先をいただけますか」と言われたら、すかさず「090……」と答えます。
相手のセリフとかぶるぐらいでいいのです。

チャンスをつかめるビジネスマナー

30 リズム感を、アップテンポにしよう。

「少々お待ちください」で、チャンスをなくす。

電話で「メモの準備をしますので、少々お待ちください」と言うと、相手の時間を奪うことになります。

電話をとっているのに、なんでそこにメモがないのかという話です。

今は携帯電話の時代です。

相手が今まさに飛行機に乗ろうとしていたり、電車に乗ろうとしている瞬間にも電話がかかってきます。

きわめてコンパクトに、最低限の情報量で伝えることが必要なのです。

電話をとった時点で、メモと紙を手に持って、すぐ書き取れる状態にしておくことが大切です。

「もう一度お名前をお願いします」も、電話では言ってはいけないことです。

冒頭に自分の名前を名乗っているのです。

最後に「もう一度お名前を」と言われると、ガッカリします。

「さっき『いつもお世話になっています』と言ったよね」と思います。

そういうことがけっこう起こるのは、電話をとる時に集中力を研《と》ぎ澄《す》ませていないからです。

電話をとってから集中しているようでは遅いのです。

聴覚は、集中しないと聞き取れません。

電話をとることに気をとられて、集中までのアップをしていないから冒頭を聞き漏《も》らすのです。

名前をもう一回聞かれると、「今までの丁寧な応対はマニュアルだったのか」ということになるのです。

電話で「中谷彰宏です」と言った時に、「あっ」と言ってくれると嬉しいです。

これで認識してくれていることがわかります。

「あっ、いつもお世話になっています」の「あっ」を入れることで、印象はまったく変わります。

お店の予約をする時に、「中谷彰宏です」「いつもお世話になっています」という流れになると、最後に「もう一度お名前を」と聞かれます。

これを言われると、同行者がいた時に恥をかかせることになります。

「いつも行っている店があるんだ」と言って電話をかけているのに、「なんだ、知られていないじゃない」と思われます。

ここで恥をかくことになるのです。

マナーは相手に恥をかかせないことです。

電話は個人のマナーの力量差が出るのです。

チャンスをつかめるビジネスマナー

31 相手に、恥をかかせない。

第4章

自分をレベルアップさせる格上のマナー

格上の人は、エレベーターの時間を節約する。

講演に行くと、講演会場に案内してくれる人がエレベーターに連れていってくれます。エレベーターを待って、上がってみると2階だったということがあります。

それなら、エレベーターを待つ時間のほうがムダです。

企業の経営者は、階段派です。

エレベーターより階段のほうが早いからです。

エレベーターに案内する人は、時間の貴重さがわからないのです。

格上と格下の圧倒的な違いは、時間の貴重さです。

自分よりも格上の人は時間がきわめて貴重なんだという意識を持つことがマナーの原点です。

チャンスをつかめるビジネスマナー

32 階段を使おう。

「格上の人に階段を上がらせるのは申しわけないんじゃないか」と思う人は、時間の貴重さをわかっていません。

特に、これは帰りにも起こるのです。行きの場合は講演の時間が決まっていて、案内の時間が少々かかっても講演開始時間までで調整できます。

帰りは、1分1秒でも早く帰らないと、次の予定がつまっています。

「階段よりエレベーターのほうがいいでしょう」は、同クラスへのマナーです。

格上に対しては、エレベーターより階段という選択がマナーになります。

5階くらいまではまったく問題ありません。

山中伸弥《しんや》教授は、研究所の4階にある所長室まで走って上がります。

自分が所属している集団と、一つ格上の人が所属している集団のマナーは真逆になるのです。

打ち合わせで、書いた書類を読み上げない。

「この人との打ち合わせだったらやろう」と思われるかどうかが勝負です。

格上の人と打ち合わせをする時は、「この人との打ち合わせは次からはないな」と思われないようにします。

打ち合わせの時、格上は用意された書類を渡されたらサーッと読みます。

それなのに、「それでは……」と言って、書類を読み始める人がいます。

書類の読み上げは要りません。

その人は、忙しい人と仕事をしたことがないのです。

書類があるなら、事前にメールしておけば、もっと早く済みます。

現場に行って、書類を見ながら打ち合わせをする必要は一つもありません。

現場に行き、書類なしで顔を見ながら話せる、というのが忙しい人の打ち合わせです。

マイクロソフトは、プリントアウト禁止です。

これだけメールの時代になっても、いまだに日本の会社はコピー紙の使用量がまったく減っていません。デジタルなのに、相変わらずプリントアウトしています。

そこまではまだいいです。

もっと貴重な、時間という資源をムダにしています。

その姿勢は**自分自身のチャンスをムダにしています。**

日本全体が紙を読み上げる習慣がなくなったわけではありません。

紙を読み上げなくなったグループと、相変わらず紙を読むグループの二つの層に格差が生まれているのです。

チャンスをつかめるビジネスマナー

33

書類は事前に、メールしておこう。

ミーティングの後、上司の感想を添えて、お礼メールを送る。

仕事のミーティングの後は、相手先にお礼メールを送ります。

自分の上司も参加していた場合、どうするか。

「上司がこんなふうに言っていました」という喜んでいる言葉を自分のメールにのせて相手側に送るのがマナーです。

私はコシノジュンコさんとクリスマスにトークイベントをしました。

その後、一緒にごはんを食べて、3時間ぐらい涙を流すくらい笑って過ごしました。

帰った後、秘書の竹田季代さんから、メールをいただきました。

「コシノジュンコが帰りのタクシーの中で、中谷さんとチャンスをつくって、もっと会う機会を増やしたいと申しておりました」

忙しい人のスタッフは、自分の感想だけを送らないことです。

「できるだけ機会をつくりますので、またぜひ会いましょう。おつきあいください」

と、上司の感想を添えて書くことが、相手先に対しての大切なマナーなのです。

チャンスをつかめるビジネスマナー

34

上司の感想も、送ろう。

格上の人は、お茶を出すことより、早く帰してもらうことのほうが嬉しい。

同格レベルのマナーで言うと、お客様にはお茶を出します。

格上の忙しい人に対しては、お茶を出すことはマイナスになることもあります。

時間がかかるからです。

出されたお茶は飲まないと失礼に当たります。

「今、お茶が届きますから」と言って待たせるのが、いかに相手の時間を奪っているか気づく必要があります。

「お茶を飲むぐらい時間はあるだろう」という感覚は、格上の人の忙しさがわかっていません。

お茶で相手の時間を奪わないことです。

格上の人へのビジネスマナーとして正しいのは立ち話です。

「ちょっと座ってください」と言われて、

「ここで大丈夫だから」

「ちょっと座らないと、しにくい話なので」

と、座って話してみると、立ち話で十分だったということがあります。

「これ、座る必要なかったね」となるのはマナー違反です。

コートを着たまま立ち話ができるのが、相手の時間を一番尊重するビジネスマナーなのです。

チャンスをつかめるビジネスマナー

35 「お茶」で時間を奪わない。

格上の人は、座らない。

座ってもらうことは、格上の人へのマナーと思いがちです。

「どうぞこちらへ」と言っても、格上の人は座りません。

格上の人は、立っていることがマナーです。

高齢者や、体の調子が悪い人、疲れている人は座ればいいのです。

通常、格上の人は立っています。

たとえば、パーティーに行くと、会場にいくつか席が用意してあります。

これは疲れた人用の席であって、格上の人用の席ではありません。

ほかの人たちが立っている中で自分1人が座っていると、自分はよぼよぼだという証になってしまいます。

そんなところには座りません。

それなのに、「座ってください、座ってください」と言うのは迷惑です。

もう一つの座らない理由は、**座ると帰りにくいのです。**

座ることで時間を奪われます。

立っている人と座っている人がいると、結果として、座っている人は立っている人からずっと見下ろされた位置にいます。

それは格上の人に対しての礼儀としておかしいです。

まわりの人が立っているところで、無理やり座らせなくていいのです。

チャンスをつかめるビジネスマナー

36

無理やり座らせない。

格上の人は、メリットなんか求めていない。

格上の人にメリットの話をするのは、マナー違反です。

メリットの話は格下の相手にするものです。

たまに「この仕事をすると、中谷さんのブランドが構築されます」と言う人がいます。

それは、まるで「ブランドがない」と言われているようです。

「イメージアップになります」と言われると、「私のイメージは悪いのかな」と疑問が生まれます。

本人は、言い方がおかしいことに気づいていません。

格上の人と仕事をしたことがないのです。

ある有名な人に、「この仕事をするとホテルでＶＩＰ待遇になります」「これだけ儲

チャンスをつかめるビジネスマナー

かります」と、儲け話を持ちかけた人がいました。

私はその話を聞いていて、「それ、よく言ったな」とビックリしました。

相手がどれだけの資産があるか知らないのです。「自分はこれだけＶＩＰ待遇になりたい」と考えているＶＩＰではない人が、自分の基準だけで話しています。

そもそも富裕層の人はお金儲けを考えていません。

富裕層になりたい人がお金儲けを考えているだけです。

中には、「ウィン・ウィン」という表現をゴキゲンでする人がいます。

これは品位のない表現です。

富裕層は、どれだけ社会還元できるかを目標にしていて、ウィンなど考えていません。すでにウィンしているからです。「ウィン・ウィン」という言い方があさましい言葉として感じられることに、マナーのない人は気づかないのです。

37

格上の人に、「こんなメリットがあります」と言わない。

マナーのある人は、格上のマナーに気づける。

格上のマナーを見て、「これは自分と違うことをやっているな」と気づける人は伸びていきます。

「マナーのある人」と「マナーのない人」とに分かれるのではありません。

「マナーが伸びていく人」と「マナーが伸びていかない人」とに分かれるのです。

マナーでわからないことがたくさんあって、正解を知ろうとする人は、マナーが伸びていく人です。

その人は「こういう時はどうしたらいいんですか」という質問がたくさん出ます。

漠然と「マナーを教えてください」と言う人は質問がないのです。

自分が何をわかっていないかに気づけないからです。

ふだん気配《くば》りをしている人は、人に気配りをされると嬉しくなります。気配りをしていない人は、相手から気配りをされても気づけません。

自分で靴を磨いている人は、ほかの人の靴が磨かれていたら気づけます。

自分で磨いていない人は、ほかの人の靴が磨いてようがなかろうが、そんなことに関心はありません。

太ったとか痩せたとか老けたというのは、誰でも気づきやすいのです。

「あの人は今いいマナーをしたな」と気づけるかどうかは、人によって大きく分かれるのです。

私の実家はスナックでした。

私がパークハイアットの研修をしていた時に、父親をパークハイアット東京の和食レストラン「梢《こずえ》」に連れていきました。

その時の梢の女将・柴田照子さんの水割りのつくり方を見て、父親は「この水割りのつくり方は絶品」と言いました。

父親もスナックで水割りをつくっているプロです。

それはマドラーのまわし方でわかるのです。

マドラーをまわして上げるところまでの一連の動きは、茶道の茶筅の動きとまったく同じです。

ここが雑だとおいしくならないのです。

そこを見ているということは、父親も水割りのプロであり、レベルの高いお店に行っていたということです。

だから、柴田さんの作法の正確さに気づけたのです。

チャンスをつかめる
ビジネスマナー

38

気配りをされていることに、気づこう。

格上の人と写真を撮ることで、友達になれない。

何かの会に行くと、よく「一緒に写真を撮ってください」と言われます。

この時点で、その人とは永遠に友達になれないのです。

格上の人は、プライバシーを大切にしています。

「○月○日○時に△△にいる」ということは、完全にプライバシー情報です。

「フェイスブックに上げていいですか」

「ブログに上げていいですか」

「インスタに上げていいですか」

と言った時点で、「この人は自分が住む世界の人とは違う」と判断されるのです。

時々、パーティーで動画を撮っている人がいます。

そんなところには、きちんとした人は来なくなります。

内緒でそこに来ている人もいるのです。

今はスマホで簡単に動画が撮れる時代です。昔は動画を撮っている人がいたら、そのままつまみ出されました。今は撮っても気づかれにくいですが、それは盗撮です。

そういう人を招んでしまった時点で、主催者側の責任です。会の運営は、なかなか難しいものです。どこかで「たくさん来てほしい」という意識が働きます。

人数を増やそうと思った時点で、「誰でも来てください」という形になります。

マナーの悪い人が大量に混じり込んできて、きちんとした人が来ない会になっていくのです。

人数を増やすとレベルは下がります。

あらゆる会やパーティーで、この現象が起こるのです。

チャンスをつかめるビジネスマナー

39

写真を撮らない。

格上の人は、贈り物が多くて困っている。

格上の人の家に行くと、廊下まで贈り物でびっしり埋まっています。
奥さんに「どれでもいいから持って帰って」と言われます。
そうしないと廊下が歩けないのです。
しかも、「できるだけ大きいモノを持って帰って」と言われます。
これが現実です。
贈る側は、もらう側のその辺の事情がまったくわかっていません。
贈るなら、ほかの人と重複しない、小さなモノにします。
一番いいのは形のないものです。
格上の人への贈り物は、「お荷物になりますが」と言いながら、つい値段の高いものや大きいものを贈ってしまいます。
荷物になることがわかっていながら、それをしてはいけないのです。
格上の人が最も嫌いなのは時間を奪われることです。
次に嫌いなのは荷物になることです。
自由が一番大切なのです。
かといって、お金は渡せません。
モノでもなくお金でもない何かを贈ることが、格上の人に対するマナーなのです。

チャンスをつかめる
ビジネスマナー

40
モノでもお金でもないものを、贈ろう。

格上の人は、メールを3行しか読まない。

メールでのビジネスマナーにおいて、格上の人ほど忙しいというのは大原則です。

忙しい人へのメールは、どれぐらいの丁寧さで書くかが重要です。

丁寧に時候の挨拶を入れたり、お礼やお詫びを書くのは、格上の人にとっては迷惑です。

書いても書かなくてもいいのではなく、書くのはマイナスになります。

たとえば、頼み事をする時は、冒頭の5行の中に書きます。

5行まで挨拶を入れて、その後ろに頼み事を書いても格上の人は読みません。

そうすると、返事がなかったことになり、「お願い事のメールをお送りしたんですが」と催促が来ます。

催促された人は「あら、返事したけどな」と不思議に感じます。
送られてきたメールを全部読むのは、同じレベルの人です。
返事がいるものは、メールの3行以内に案件を書くことです。
その後ろに書かれたものは読まれないというつもりで送ればいいのです。

チャンスをつかめる
ビジネスマナー

41
要件を、メールの3行以内に書こう。

マナーは、相手の負担にならないことだ。

「メールは格下の者で終わるように返しなさい」と言われます。
メールを自分で終わらせることはなかなかできません。その場合は、1往復とか2往復のメールなら自分で終わらせて、3往復以上は相手側で終わっていいと考えておくといいのです。そうしないと、今度は相手が終われなくなります。

お見送りと同じです。

お見送りをしないと、自分の中で負担になります。

お見送りをすると、相手が負担になります。

格上の人は、運転手さん付きのハイヤーに乗るとすぐ、見送る人に「早く行け。見送るな」と言うのです。

42 見送られる人に、負担をかけない。

あえて見送らないこともマナーです。

見送らないことで、相手の負担がなくなるのです。

私は太田英昭さんに、それを感じました。

太田英昭さんは、フジテレビのプロデューサー時代に、TVのニュース番組のレギュラーで最初に私を抜擢《ばってき》してくれた人です。

後に産経新聞の社主となった太田さんと、一緒にごはんを食べる機会がありました。

食事が終わって、帰りに太田さんを見送ろうとすると、クルマに乗り込んだ太田さんに「早く行け」と言われたのです。

私は、あの「早く行け」に愛と親しさを感じました。

そういうふうに言ってくれる関係性が嬉しかったのです。

マナーのベースには、愛があるのです。

第5章

じつは失敗しているアウトのマナー

相手先のテーブルの上で、じかにメモしない。

お客様のところへ行って紙にメモをすることがあります。

その時に下敷きなしでメモをすると、相手先の机が傷《いた》みます。

レストランなど、食事の席で打ち合わせをする時は、テーブルクロスがかかっています。テーブルクロスは、ボールペンのインクがつくとパーになります。

テーブルクロスの値段の問題ではありません。お店の人が「ウワーッやめて」と思っても言えないのです。

先方で打ち合わせをする時は、メモできるように下敷きになるメモパッドを必ず持っていきます。

時々、最初に置かれているテーブルディッシュの上で平気でメモをする人がいます。

この人は、格上の人からは二度と呼んでもらえません。

上司に同行していた場合は、次から同行に誘ってもらえなくなります。

ここでチャンスを失うのです。

たとえば、会議室で「ちょっとタクシー呼んで」と言われた時に、会議室の**サイドテーブルの上でメモをとるのもアウトです。**サイドテーブルは美術品だからです。**壁を下敷きにメモをとるのもアウトです。**壁に跡がついたらクロスは張りかえです。

結局、**その人はふだんからそうしているのです。**

仕事を一生懸命している時ほど、マナー違反が起こります。

早くメモをしたり、早くダンドリしたほうが「私はこれだけしている」とアピールできるので、マナーが一番壊《こわ》れる瞬間になります。

結果として、その人は一緒に仕事をしてもらえなくなるのです。

チャンスをつかめるビジネスマナー
43
メモパッドの上で書こう。

ペンの音、ページの音を、立てない。

人が集中して何かをしている時に、自分の立てる音が邪魔になっていることに気づかないのはマナー違反です。

会議の時に、ペンの音がうるさい人がいます。

ページをめくる音も、マナー違反です。

1人で家にいたり、ほかに誰もいないところなら、それでもいいのです。

自分が出している音に、もっと敏感になることです。

一生懸命な人ほど、ガリガリガリガリとペンの音をさせがちです。

これはテストの時や図書館では迷惑です。

ましてや大切な仕事中に、それはありえません。3色ボールペンで色をカチカチ切りかえたり、ペンまわしをするのもマナー違反です。

今は声優希望の人が多いです。

声優さんでプロになれるのは、音を立てない人です。

スタジオで台本をめくる音を立てると、NGになります。音を鳴らさないで椅子に座ったり、音を立てることにどれだけナーバスになれるかが勝負です。

たとえば、録音する仕事をしている時に、おなかがグーッと鳴りました。

「おなかの音は生理現象なので仕方ないだろう」と思うのは、アマチュアです。

プロは、おなかが鳴らないように、事前に何か食べてきます。

おなかの音も録音に入るからです。

自分の出す音に敏感になることが、プロフェッショナルかアマチュアかの分かれ目になるのです。

チャンスをつかめるビジネスマナー

44 自分の出している音に気づこう。

ペン先を向ける人から、人は離れていく。

ペン先は、ナイフと同じです。

ペン先が外側を向いている人は、感じが悪いです。

ふとした拍子に、ペン先が相手側の服につくこともあります。

ボールペンのインクは服につくと一番とれないのです。

中には、ペンを持ったまま歩く人がいます。

ペンはタバコの火と同じで注意が必要です。

そばに小さい子どもがいたら、刺さることもあります。

危険性を感じないで、ペンを適当に持つクセがある人の隣には誰も座らなくなります。

マナーをきちんとしておかないと、嫌われる原因にもなります。

「Aさんの隣に座ると、ペンがこっちを向いていて、服に当たりそうでイヤだな」と思われるのは、Aさんがマナー違反をしているからです。

そうすると、Aさんの隣にはAさんより格下の人が座ります。

別に汚れてもいいという服を着ていて、平気な人です。

レストランでナイフを使う時は、とにかく刃を相手に向けないことが大原則です。

ペンも同じです。

マナーのある人は、ペン先を相手に向けないのです。

チャンスをつかめるビジネスマナー

45

ペン先を外に向けない。

プリントアウトしやすい形で、送る。

仕事の資料をメールで送る時は、相手がプリントアウトすることを想定してレイアウトします。

少なくともプリントアウトした時にヘンな形にならないことを確認しておくのがマナーです。

誤字はチェックしても、余白をとりすぎている場合があります。

本人はオシャレと思って余白を入れているのです。

1枚目に「はじめに」と、挨拶の表紙をつける人もいます。

プリントアウトした時に、表紙は一番いらないものです。

ファクスを送っていた大昔は、送り状が1枚目にありました。

送り状がいかにムダかということを、まず考えることです。

文章の途中でページがまたがっていると、前のページに戻って見直すことになります。

これは資料を使う人の気持ちに立っていません。

ただ自分が書きたいものを書いて送っているだけです。

一番最後のページに2行だけあるというレイアウトも、マナー違反です。

その2行がこぼれないように、前のページで調整して入れればいいのです。

マナーは、自己中ですることではなく、使う人の立場に立つ必要があります。

マナーのある人は、自分中心に世の中を見るのではなく、自分を客観的にカメラで見ることができるのです。

チャンスをつかめるビジネスマナー

46

余白だらけのレポートを送らない。

相手が必要なところだけ、伝える。

レポートを書く時もマナーがあります。
たとえば、出張や打ち合わせのレポートは、
① メモをとる。
② ノートに変える。
③ レポートに変える。
という順番で書きます。
「メモ」と「ノート」と「レポート」の違いは明確にします。
メモは、とにかく一つ残らず書き取ります。
ノートは、そのメモをもとに自分の頭の中で並べかえて整理し直したものです。

レポートは、相手が必要な情報だけを送ります。

メモをそのまま送ってくる人がいます。

その内容は、とっ散らかっています。

中には、ノートをそのまま送ってくる人もいます。

ノートには、読み手の要らない情報がたくさんあるのです。

それでは、読み手が知りたい情報になかなかたどり着けません。

メモ・ノート・レポートの違いをはっきりつけるのがマナーです。

マナーのある人は、相手が必要としている情報は何かを考えるのです。

相手がしてほしいことは何かを考えます。

マナーは、その人のビジネスセンスなのです。

ビジネスの技術とマナーがある時、ビジネスの点数が8点でマナーが5点ということはありえません。

マナーが5点なら、ビジネスのセンスも5点です。

ビジネスの点数は、マナーの点数を超えないのです。

メモで大切なことは、自分の主観で削らないことです。

そこに大切な情報がある可能性があるからです。

メモはとにかく全部とります。

メモがヘタな人は、自分の主観を入れて大切な情報を落としがちです。

「ここは要る」「ここは要らない」という主観を入れるのは、整理し直すノートの段階です。

最初のメモは、すべて客観で書けばいいのです。

チャンスをつかめるビジネスマナー

47 メモをノートに変え、レポートにしよう。

「あっ」と言う人は、許される。

「○○さんに連絡してくれた？」と聞いて、「あっ、忘れてました。すぐかけます」と言われました。

これを許せるのは、「あっ」があるからです。

「あっ」がなくて「今からかけます」とだけ言われたら、「わかっていてやらなかったのかな」ということになります。

お詫びは要らないので、そのかわりに「あっ」と言ってほしいのです。

「すみません、ウーロン茶が来てないんですけど」「あっ、お持ちします」でいいのです。

ここで「はーい」と言われたら、何か感じが悪いです。

チャンスをつかめるビジネスマナー

48

お詫びより、「あっ」と言おう。

大切なのは、「あっ」と言った後は、小走りで取りに行くことです。
来た時と同じテンポで帰ってほしくありません。
このアピールで安心感が出るのです。
何かを頼まれた時は、遅れることもあるし、忘れることもあります。
失敗した時の「あっ」が出るかどうかです。
私はメールでも「あっ、忘れてた」と書いています。
「中谷さんのメールは『あっ』とか『おっ』が多いですね」と言われます。
ビックリした時は「おお」と書きます。
これはメールではなかなか表現できない部分です。
お詫びのメールは難しいです。
お詫びは電話でしておいたほうがいいのです。

長くつきあいたい人は、お詫びのうまい人だ。

お詫びメールをBCC（一斉メール）で送るのは、マナー違反です。お詫びの基本は1対1です。

共有することは大切ですが、お詫びの同報通信は、どこか手を抜いて効率化している感じがします。

仕事ができる人は、お詫びがうまいのです。

ミスはどうしても発生します。

長く続いている人は、ミスをしない人ではありません。**ミスをしてお詫びをしながらも、コミュニケーションのすれ違いを調整できる人です。**

これが「この人と一緒に仕事をしていこう」と思える人のマナーです。

チャンスをつかめるビジネスマナー

49 明るくお詫びしよう。

お詫びの仕方が、感じいいのです。

お詫びで大切なのは、暗くならないことです。

暗くなられると、こちらも言いにくくなります。

暗くならずに、きちんと反省していることがわかるのが、「あっ」のひと言です。

マナーは、失敗したり状況が変わっても、その人とずっと長く仕事を円滑《えんかつ》に続けるために大切なことです。

格上の人と仕事をしていると、どうしてもミスが起こります。不可抗力で起こるミスもあれば、自分の力不足、経験不足、勉強不足で起こるミスもたくさん出てきます。

ミスがあっても続く人と続かない人は、ミスが発生した後の対応の仕方で分かれるのです。

マナー違反を、指摘をしてもらえない。ただ、チャンスがなくなるだけ。

ビジネスではマナー違反をどんなにしても、「ここ、マナー違反だよ」とは指摘されません。

ただし、次に会う機会はなくなります。

だから厳しいのです。

小学校までは先生や親が注意してくれます。

ビジネスマナーは、注意されません。

マナー違反をしても、その人が今の集団から抜けなくていいという意思表明をしたと解釈されます。

「今の集団でいるならそれでいい。自分にはかかわり合いがないから、自分たちの集団に来なければＯＫ」と思われて、出会いのチャンスを失います。

自分が迷惑をかけた相手が上司の知り合いなら、上司のペナルティーになります。部下のマナー違反は、上司が「どうもすみません。修学旅行みたいなことになっちゃいまして。何か埋め合わせしますから」とお詫びします。

自分の知らないところで上司がお詫びしていること自体、マナー違反をしている人は気づきません。

誰も指摘してくれないからです。

マナーは、別に上げようと思わなくてもかまいません。

「私は今の集団でいいです」と言えば、それでいいのです。

どの集団に属するのかは、その人の好き好きです。

他者が変えることもできません。

所属する集団を変えることは、自分の意識でしかできないからです。

今の集団にいることは間違っていません。

格上の集団に行きたいと考えるのも正しいです。

「変えたいんです」という言い方は、受け身です。

「変えることができない。だって他人が決めていることだから」と思っているのです。

その人のマナーをどうするかは、他人には決められないのです。

チャンスをつかめる
ビジネスマナー

50

自分の知らないところで、お詫びされていることに、気づこう。

第6章

どんな状況にも対応できるリスペクトのマナー

頼まれていない仕事を見つける。

どんな会合にも、必ず主催者の係がいます。

主催者は、その会に来る主賓の対応をします。

そして、もう1人いる係が幹事です。

主催者と幹事の役割は違います。

幹事は全体の運営を見ます。

お客様で行った人は、幹事のサポートをする副幹事の役をすればいいのです。

私が親戚のコシノヒロコさんやコシノジュンコさんのパーティーに行く時は、いつも「何かあったら係」をします。

最初から役は与えられていません。

荷物を運ぶ係、エスコートする係、ドリンクを持ってくる係など、**その時に必要なことをするのが「何かあったら係」です。**

幹事は任命されても、副幹事の任命はありません。

実際は、幹事1人では手がまわりません。

幹事は副幹事を求めています。

その場でさっと副幹事をしてくれる人がいると、会がすごくスムーズに運びます。

幹事や主催者だけでなく、お客様も助かります。

この時、お客様意識でいると、副幹事にはなれません。

必要な係の見つけ方は、小さな会でも幹事役をした経験が役に立ちます。

幹事をしたことがある人は、「ここで、こういうのを助けてくれる人が1人いるといい」とわかるのです。

多いのが、「何か手伝うことがあったら言ってください」と言う人です。

単にお客様としているよりは、言ってくれるだけまだましです。

でも、待ちの人は使えません。

マナーのある人は、必要な係を自分で見つけます。
お客様としてドリンクを飲んでいるだけでは、副幹事にはなれないのです。

チャンスをつかめる
ビジネスマナー

51

副幹事役を自分で見つけて引き受けよう。

合格する人は、ドアの高いところをノックする。

オーディションでは、面接のドアの前で、合格・不合格が決まります。

面接なら、内定・不採用が決まります。

それは、ノックの音です。

ノックの音に余裕があるかどうかです。

よく「ノックは何回すればいいですか」と聞く人がいます。

大切なのは、ノックの回数よりもノックの音です。

ノックは、明るくて優しい音がいいのです。

ノックの音は、時と場合によって変わります。

たとえば、トイレの個室で聞くノックの音は、叩《たた》いている人の気配がわかります。

チャンスをつかめるビジネスマナー

52 ノックは、ドアの上のほうを叩こう。

「この人はせっぱ詰まっているな」とか「怒ってるな」という気配が伝わるのです。

茶道では、お茶室に入るまでに勝負が決まります。

判断基準は、お茶室の中へにじり入っていく時のふすまの開け方です。

会社で言うと、ノックの音です。

ノックは高いところで叩くと、明るく、優しい音になるのです。

格上の人は、ドアの高い位置のところを叩きます。

ニューヨークやワシントンのエグゼクティブは、マナーを勉強しています。

勉強しているからマナーよくできるのです。

お箸の使い方も、日本人よりはるかにうまいです。

偶然うまいのではありません。練習しているからです。

日本人は練習しないので、お箸の使い方がヘタになるのです。

風邪を引かない人は、体が強いのではなく、自己管理をしているのだ。

健康管理において、風邪を引かないことは最低限のマナーです。

それは相手にうつさないということだからです。

頑張って徹夜をすると、体調を崩して免疫力が下がります。

それで風邪を引いて、そのままプレゼンに来るというのはマナー違反です。

問題は体が強いか弱いかではなく、体調管理をしているかどうかです。

遅くまで起きている時点で、体調管理をしていないのです。

「徹夜でプレゼンの準備をしていた」と言いますが、そこまでバタバタになるのは、ふだんから準備をしていないからです。

体が強いとか弱いとか、運悪く風邪を引いたというのは、言いわけです。
結局は、徹底的な自己管理をどれだけしているかです。
自分が風邪を引かないことによって、相手に移すことがなくなります。
それが最低限のマナーなのです。

チャンスをつかめるビジネスマナー

53

体調を、常に万全にしておこう。

人にリスペクトを持つのが、礼儀。モノにリスペクトを持つのが、作法。歴史にリスペクトを持つのが、式法。

「礼儀作法」という言い方があります。

「礼儀」と「作法」は、きちんと区別したほうがいいのです。

礼儀は、人にリスペクトを持つことです。

作法は、モノにリスペクトを持つことです。

たとえば、ドアのノックの仕方は作法です。

挨拶をする時に自分と相手の話をするのが礼儀です。

もう一つ、「式法」があります。

式法は、歴史・伝統・しきたりにリスペクトを持つことです。

日本の庶民の文化は室町時代に大体でき上がっているので、600年の伝統があります。

たとえば、300年続いている老舗《しにせ》は、その「300年」という歴史の長さがあります。

それをそのまま受け継いでいることに、リスペクトを持つのです。

マナーのよい人は礼法・作法・式法の三つを持っています。

マナーの究極は、リスペクトを持つということです。

マナーをいちいち書こうとしても、書き切れません。

その場に応じて変える必要があるからです。

書いた時点で、それとは違う状況になるのです。

どんな状況でも、リスペクトを持って接すると、大間違いは起こりません。

相手の時間に対してリスペクトを持てば、たとえば「これはエレベーターよりも階段だな」と判断できます。

講演が終わった後に、お茶を用意したほうがいいのか、そのままお見送りしたほうがいいのか、最後までいてもらったほうがいいのか、ここで解放したほうがいいのかの判断もできます。

相手に対してリスペクトがあれば、答えは明白なのです。

すべての基準はリスペクトにあります。

「こんな状況でどうしたらいいか教わっていない」というのは、マナーとは言えません。

マナーは、臨機応変なのです。

チャンスをつかめる
ビジネスマナー

54 人とモノと歴史に、リスペクトを持とう。

師匠と弟子は、お互いのマナーとリスペクトでつながる。

時々、メールで「返信は要りません」と書いてあります。

その文言は、逆に返信を催促しているように感じます。

マナーには、阿吽《あうん》の呼吸があるのです。

師匠と弟子はリスペクトでつながっています。

それが究極のマナーです。

メールの「ちなみに返信は要りません」は、言わなくてもいいのです。それを省略してもわかるのは、お互いにリスペクトを共有し合っている関係があるからです。

それは、はたから見ると淡々としたやりとりになります。

チャンスをつかめるビジネスマナー

55 リスペクトでつながろう。

リスペクトがなくてマナーが消えていくのではありません。

リスペクトがあって、マナーが消えていくのです。


究極のマナーは、マナーが見えなくなることです。


私は博報堂の新入社員だった時に、「日経サイエンス」の編集長の餌取《えとり》章男さんの全6回のセミナーにすべて出席しました。

未来のエネルギーについての話だったのですが、それが面白すぎるのです。「自分は今、凄い話を聞いている」と思った瞬間、私からマナーの意識は消えていきました。

その時の私のノートがまだ残っています。海洋エネルギーのつくり方とか、波でエネルギーをつくるとか、そんな話がびっしりと書かれています。

それがリスペクトです。

リスペクトがあれば、マナーは自動的に生まれてくるのです。

片づけをするより、話を聞くのがマナー。

ビジネススクールの授業の後に懇親会があります。

ピザをとって、ウーロン茶で大質問大会になるのです。

ある弁護士の女性が「国選弁護をするのですが、受け持った人が協力的ではありません。どうしたらいいのでしょうか」と、質問しました。

真剣な話です。

この時、ピザの箱を一生懸命片づけている男性がいました。

サラリーマン的には正しいマナーです。

私は、**「片づけより、今いい話をしているから聞けばいいのに」と思いました。**

その弁護士の女性は、片づけは一つもしないで真剣に聞いています。

ここでマナー的に正しいのはどちらかということです。

マナーは、お酌《しゃく》をすることでも、片づけることでもありません。

大切な話をしているのに、ピザの箱を片づけていて聞かないのは間違ったマナーです。

「そっちにウーロン茶ありますか」というのは、そこでする話ではないのです。

チャンスをつかめるビジネスマナー

56 人が話している時に、片づけない。

親に敬語で話せるようになるのが、大人になった証し。

リスペクトがあれば、いつかマナーは溶けて見えなくなります。

お互いにリスペクトしていることが相手に伝わっていたら、見送らなくていいのです。

その人が大人になるのは、親に対して敬語で話せるようになった時です。

これは個人差が大きいのです。

いい大人になっても、親に甘えて敬語で話せない人がいます。

格上は、子どもの時から親に対して敬語で話しています。

第三者は、それを冷たいと言いますが、別に冷たくはありません。

リスペクトで成り立っているからです。

親に対して敬語で話せるかどうかは、その人がどれだけ親に甘えないで、親から独立できているかの目安になります。

1個の人格として人間と人間の関係になっていて、親に感謝の気持ちを持てていることが、大人になったということです。

最も甘えられて、最も敬語を使わない対象である親に対して敬語で話せるかどうかです。

敬語は話そうと思って話すものではありません。敬語を話していることに本人は気づいていないのです。

私は近所の人から「なんで親に敬語で話すの？」と言われました。

言われてみれば、たしかに親に対しては敬語です。

親も私に対して敬語です。

それはすべてリスペクトの発想です。

スイスに、全寮制で世界の皇室とか上流階級が通っている学校があります。

授業の項目は「国語」「算数」「理科」「社会」ではありません。

「リスペクト」という授業があるのです。

あらゆる科目がリスペクトで成り立っています。

たとえば、「健康」という授業では、「どちらがカロリーが高くて、体にリスペクトがないか」とか「どちらが栄養価が高くて、体にリスペクトがあるか」という具合に、「リスペクト」という切り口で授業をしています。

大切なのはマナーではなく、リスペクトなのです。

チャンスをつかめるビジネスマナー

57

リスペクトで発想しよう。

第7章

一生つきあいたいと思われる最上級のマナー

マナーとは、ムダになる準備をすることだ。

せっかくやってもムダになるかもしれないことは、たくさんあります。

それでいいのです。

たとえば、地震対策をして地震が来なくても、「来なくてよかった」と思えばいいだけのことです。

「ムダになったらどうしよう」と考えていたら、マナーよくできません。

「これをしても誰も気づかなかったらどうするんですか」と言いますが、人の目を基準にしていたら、マナーよくできないのです。

マナーの第1段階は、いつも見られている意識でいることです。

第2段階は、見られようが見られまいがマナーよくすることです。

神様が見ていると考えて、視線を神様に持っていくのです。

「見られている」という意識のある時は、見られていません。

「見られていない」と思っている時が、一番見られています。

ほっと気が緩んでいるところでしていることが、その人のマナーのレベルです。

犯人が誰かわからない時ほどバレるのです。


マナーは他者承認のためのものではありません。

ビジネスマナーをきちんとするのは、それによって自己肯定《こうてい》感が上がるからです。

ビジネスマナーの悪いことをすると、「自己肯定感が下がる」→「ビジネス的に下り坂になる」→「ますます自己肯定感が下がる」という負のスパイラルに入るのです。

チャンスをつかめる
ビジネスマナー

58

ムダになる準備をしておこう。

マナーのない人にも、マナーよく接する。

自分がマナーをよくしていても、横柄《おうへい》でマナーを知らない人が来ると、ついムッとしてしまいます。

ビジネスマナーができる人がビジネスにも強いのは、メンタル力があるからです。

マナーをよくする方法は、マナーのいい人と接することです。

そうすれば、自然に自分のマナーの悪いところが矯正されていきます。

もう一つは、**マナーの悪い人と接した時にイラッとしないことで、メンタル力が鍛《きた》えられます。**

相手のマナーが悪ければ悪いほど、自分はきちんとしたマナーにすることです。

そうしないと、相手に巻き込まれて自分のマナーのレベルダウンが起こるのです。

マナーの悪い人がいると、イラッとします。

この「イラッ」を乗り越えていくのがメンタル力です。

自分のマナーをよりよくすることで乗り越えられるのです。

高級店に行くと、マナーを教わることができます。

恥をかいて、覚えていきます。

カジュアルなお店に行くと、料理が来ない、来ても遅い、スタッフの言葉づかいが横柄など、イラッとすることだらけです。

その時に、いかにムッとしないかです。

粗相《そそう》があったお店で帰る時に言うセリフは、「また来ます」です。

怒って「もう来ない」と言った時点で、自分のレベルが下がるのです。

料理研究家の服部幸應《はっとりゆきお》先生が、新しくできたお店に行った時のことです。

カトラリーが汚れていたので、ウエイトレスさんに「これを店長に見せて」と優しく言いました。

ウエイトレスさんが店長に見せたら、店長に怒られたのか、泣いてしまいました。

服部先生は、そのウエイトレスを責めているのではありません。

カトラリーが汚れている事態が起こっていることを、店長に知ってもらいたかっただけです。

店長が来て、「以後、こういうことがないように気をつけます」と、謝りました。

服部先生が「ウエイトレスさんを泣かしちゃダメですよ」と言って、「以後、気をつけます」「大丈夫、もう来ないから」というやりとりの後、服部先生はすぐまたその店に行きました。

これまた大人のマナーです。

「もう来ないから」と言った時は、すぐまた行くことがマナーなのです。

チャンスをつかめる
ビジネスマナー

59

マナーのない人に、ムッとしない。

ハズレの店では、いいところを一つ見つける。

サービスに完璧はありません。サービスの不完全さを補うのがマナーです。

ビジネスの接待で、ハズレの店に連れていってしまうことがあります。

ここで「大変申しわけございません」と謝ると、相手も「つまらないお店に連れてこられた」ということになります。

「いいお店だと紹介されたんですけど、いまいちでしたね」とか「前はこんなことはなかったのに、オーナーがかわったみたいです」という言いわけも要りません。

大切なのは、どんなにハズレのお店でも、その中で1個でもいいところを見つけることです。

「でも、○○がよかったですね」と言うと、「たしかにそうだな」と思えます。
マナーとは、あらゆるものの中で、いいところを見つけ出そうとする姿勢です。
それをしないと、一緒に行った人にも「時間をムダにした感」が出てしまいます。
何らかの粗相は起こるものです。
そこで激怒すると、その時点でお店の空気が悪くなります。
その中で、いいところを一つでも見出していくことがマナーなのです。

チャンスをつかめる
ビジネスマナー

60

粗相をスルーしよう。

マナーは、小さいことの連続だ。

マナーは「たかがそんなことでいいんですか」という小さなことの積み重ねです。
「マナー」と言うほどのことでもないのです。
マナーは、一種の手品です。
マナーが目立ってしまったら、「ああ、やってるな」と思われます。
それはすでにマナーではありません。
手品をしていることが目立ったら手品ではないのと同じです。
わからないようにしていることが、マナーです。
それは回数の問題です。
マナーよくしている回数が多ければ多いほどナチュラルになって、気づかれにくくなります。

「私はこんなにマナーをよくしています」というのは、マナーではないのです。

マナーよく振る舞おうとして、カチカチになってリラックス感が消えてしまうことがあります。

お茶会でも時々、慣れていない人がビンビンにかたくなって、リラックス感がなくなります。

マナー的には間違っていなくても、お客様をカチカチにさせた時点で、マナーとしてはマイナスです。

大きなマナーより、小さなマナーをよくすることが大切なのです。

チャンスをつかめるビジネスマナー

61

大きなマナーより小さなマナーをしよう。

マナーの妥協は、連鎖する。まわりの人にも、伝染する。

マナーは、妥協しないことです。「しょうがない」と諦めるのではなく、頑張ってなんとかしようとすることが大切です。

マナーの妥協には伝染性があります。自分の中で一つ妥協すると、どんどん妥協が起こり始めます。妥協の連鎖を食いとめるためにマナーがあるのです。

外でムッとしたことがあっても、それを会社に持ち込まないのがマナーです。

そのコツは靴の向きを変えることです。

ここで一回、流れを変えることができます。

イラッとしたことを、マナーよくすることによって断ち切ることができるのです。

それがマナーのいいところです。

玄関で靴をポンポン蹴り上げて脱いでしまうと、そのままマナーの駄々崩《だだくず》れが起きるのです。

集団で一人のマナーが悪くなると、全員のマナーが悪くなります。

新幹線の中でも、誰か一人が黙ってリクライニングを倒すと、全員が黙って倒すようになります。

関係ない人への無差別報復攻撃が起こるのです。

そんな中で、自分がそれを止めて、感じよくしておきます。

「すみません、椅子を倒していいですか」と言うことで、流れを変えられます。

マナーには流れがあるのです。

常にオーディションの現場にいるという意識でいると、マナーはよくなります。

「オーディション」と「オーディション以外」があるのではありません。

すべてがオーディションです。

ここできちんとしておかないと、次に呼んでもらえないのです。

オーディションに通ったことがわかるのは、次に呼んでもらえた時です。落ちた人には連絡が来ないので、落ちたことに気づきません。

これが怖いのです。

受験は落ちたことがわかるので、反省できるし、改善もできます。

ビジネスマナーに関しては、落ちたことに気づかないので、改善しようと思わないのです。

第1回目の会でマナーが悪ければ、第2回目には呼んでもらえません。

それでも「なんで呼んでもらえないんだ」とは怒りません。

その人には案内が来ないので、第2回目があったことを知らないからです。

「近々、第2回目をやりましょうと言っていたのに連絡が来ないな。どうなっているのかな」と思う頃には、すでに3回目をしているのです。

チャンスをつかめる
ビジネスマナー

62 常にオーディションであることを意識しよう。

リーダーのレベル以上に、部下のマナーは上がらない。

部下のマナーをよくしたいなら、まずはリーダーのマナー研修をしたほうがいいのです。

「自分はマナーができている」と思うのは、マナーのレベルが低い人です。

マナーのレベルは、無限に上があるのです。

ここが頂点というものはありません。

上には上がいるのです。

マナーは自分より格上の人から学ぶことが大切です。

同格の人から学ぶことはできません。

マナーは知識ではなく、実践です。

そのマナーで生きている世界の人たちから学ぶのです。

本で得た知識は、その世界に生きていないので、それを得て上に上がっても失敗します。

そこで恥をかきながらマナーを覚えていくのです。

リーダー自身が格上に上がって恥をかくことが大切です。

松下幸之助さんは、42歳の時最初に連れていかれた茶会で大恥をかいたそうです。

そこからが松下幸之助さんのお茶との出会いです。

松下幸之助さんですら恥をかいて学んでいったのです。

チャンスをつかめる
ビジネスマナー

63

自分より、格上の人から
マナーを学ぼう。

きちんとした人には、紹介者がなければ会えない。マナーをなくすと、紹介者のペナルティになる。

パーティーでは、紹介者なしに話しかけないのがビジネスマナーです。

紹介者に紹介してもらって、初めて話ができるのです。

信用度は紹介者の格で決まります。

失礼があれば、本人だけではなく紹介者のペナルティーになります。

「なんという人を連れてきたんだ」

「なんという人に会わせたんだ」

「なんという人に自分の時間を奪われたんだ」

ということになるのです。

紹介してもらった重さを知ることが大切です。

自分のマナーが悪いことで紹介者に迷惑がかかるのです。

京都は、そういうことが一番残っています。

京都だけではなく、見えないところで紹介の重みを感じる世界があるのです。

紹介の重みがわからない人は、簡単に人に会えると思っています。

合コンと勘違いしているのです。

紹介者に迷惑をかけたという認識のない人は、常に「また誰か紹介してください」と言っています。

そういう人は、「ぜひ、機会があれば」と言われて切り捨てられます。

それに気づくことが大切なのです。

チャンスをつかめるビジネスマナー

64 紹介者に迷惑がかかることに、気づこう。

苦しい時に助けてくれた人と、一生つきあう。

檜山《ひやま》和司さんは、神戸のラグジュアリーホテル「ラ・スイート神戸ハーバーランド」の総支配人です。

「ラ・スイート」は地産地消《ちさんちしょう》に取り組んでいます。

地元の農家の食材を農家から直で買って、それを料理にして出すのです。

簡単なようですが、これはとても難しいことです。

景気が悪くなると、お客様が減ります。

ここで仕入れを止めてしまうと、「つくっても買ってくれない」と、農家は不安になります。

多くのところは、売上げが下がると仕入れを止めます。

檜山総支配人は、お客様が減っても仕入れ続けました。

それは農家を守るためです。

お客様が減ったのは農家のせいではないのです。

景気が回復して、お客様が増えると、今度は供給量が足りなくなります。

そうなった時に、農家は、お客様が減った時も仕入れてくれたところに優先的に届けます。

自分の都合で仕入れたり仕入れなかったりするのは、自分中心の考え方です。

需要が増えた時に優先的にまわしてもらえるのは、需要が少ない時にも仕入れてくれたところとのつきあいがあるからです。

苦しい時に自分が先に助かろうとするのは、マナーではありません。

苦しい時にも相手を助けようとする姿勢が、マナーなのです。

チャンスをつかめる
ビジネスマナー

65

自分が苦しい時に、助けよう。

熱意は共有、はしゃぐは独りよがり。

「熱意」と「はしゃぐ」は、似ているようで真逆です。

一流ホテルでマナー研修をする時に、一流ホテルに興奮して、はしゃいでしまっている人がいます。

そうなるとマナーは教えられないのです。

本人は楽しんでいますが、それは熱意ではありません。

熱意は、みんなと場を共有することです。

教える側は一生懸命教えています。

その熱量を共有することが「熱意」です。

「はしゃぐ」は、ただの独りよがりです。

チャンスをつかめるビジネスマナー

66

熱くなりながらも、はしゃがない。

熱くなりながらも決してはしゃがないことが、教わる側のマナーなのです。

おわりに

「知識がない」より、「マナーがない」で、チャンスを失う。

「私はマナーを知らないんです」と、開き直っている人が時々います。
ダメなのは知識がないことではなく、マナーがないことです。
仕事には「知識」と「マナー」という二つの要素があります。
マナーがあって知識がない人は教えてもらえます。
マナーがなくて知識がない人は教えてもらえません。
マナーのない人には教えたくなくなるからです。
誰もが知識を先に教えてもらいたがります。

「マナーなんて要らないし」と言うのです。

それは違います。

最初に教わったほうがいいのは、マナーです。

私が博報堂の新入社員だった時に、「科学技術勉強会」という有志の勉強会がありました。

遅くまで会社に残っていた私は、ピンチヒッターでそこに呼ばれました。

その中では私が一番若手でした。

次に若手だったのが私の4年先輩で、コピーの天才・岡田直也さんです。

「日経サイエンス」の餌取章男さんが、その会の講義をしていました。

講義の前にお弁当を食べるのですが、後に役員になる、その場にいた一番偉い人が餌取さんにお茶を注《つ》ぎに行きました。

それを見て、私は「ああ、偉いな」と思いました。

次に「それは私が」と出ていったのが、その場で2番日に偉い人でした。

私は「偉い順に行ったんだな」と感心していました。

会が終わってから、岡田さんが私の席に来て、「**あれは中谷君が行かなくちゃ**」と言ったのです。

天才コピーライターの岡田さんとの初めての会話で、私はコピーよりも大切なことを岡田さんから教わったのです。

私はそこでただ感動していただけです。

危ないのは、感動で満足して改善しなくなることです。

「感動しました」「感激しました」というコメントは、世の中にあふれ返っています。

感動よりも改善することのほうが大切です。

感動は落ち込みに変わります。

「なんであの時そうしなかったのか」と、できていない自分に落ち込むのです。

ここにもう一つ問題があります。

落ち込んでいる間は改善しないのです。

落ち込んでいるヒマがあったら、改善して、次からそれを実行します。

失敗したことを次に生かす場を、即、見つけ出すことが大切です。

同じ状況はなくても、似たような状況は何度でも起こります。
そこに応用できるのです。
何かにしくじって落ち込んでいたら、応用はできません。
落ち込んでショックを受けていると、ムダなエネルギーを使います。
そのエネルギーを、実践することに使うことが大切なのです。

チャンスをつかめるビジネスマナー

67

即、応用しよう。

【青春出版社】
『いくつになっても「求められる人」の小さな習慣』

【WAVE出版】
『リアクションを制する者が20代を制する。』

【ユサブル】
『1秒で刺さる書き方』

【河出書房新社】
『成功する人は、教わり方が違う。』

【二見書房】
『「お金持ち」の時間術』【文庫】

【ミライカナイブックス】
『名前を聞く前に、キスをしよう。』

【イースト・プレス】
『なぜかモテる人がしている42のこと』【文庫】

【第三文明社】
『仕事は、最高に楽しい。』

【日本経済新聞出版社】
『会社で自由に生きる法』

【講談社】
『なぜ あの人は強いのか』【文庫】

【アクセス・パブリッシング】
『大人になってからもう一度受けたい コミュニケーションの授業』

【阪急コミュニケーションズ】
『サクセス＆ハッピーになる50の方法』

【きこ書房】
『大人の教科書』

【学研プラス】
『読む本で、人生が変わる。』
『なぜあの人は感じがいいのか。』
『頑張らない人は、うまくいく。』
『見た目を磨く人は、うまくいく【文庫】
『セクシーな人は、うまくいく。』
『片づけられる人は、うまくいく。』【文庫】
『美人力』（ハンディ版）
『怒らない人は、うまくいく。』【文庫】
『すぐやる人は、うまくいく。』【文庫】

【ファーストプレス】
『「超一流」の会話術』
『「超一流」の分析力』
『「超一流」の構想術』
『「超一流」の整理術』
『「超一流」の時間術』
『「超一流」の行動術』
『「超一流」の勉強法』
『「超一流」の仕事術』

【水王舎】
『なぜ美術館に通う人は「気品」があるのか。』
『なぜあの人は「美意識」があるのか。』
『なぜあの人は「教養」があるのか。』
『結果を出す人の話し方』
『「人脈」を「お金」にかえる勉強』
『「学び」を「お金」にかえる勉強』

【あさ出版】
『孤独が人生を豊かにする』
『気まずくならない雑談力』
『「いつまでもクヨクヨしたくない」とき読む本』
『「イライラしてるな」と思ったとき読む本』
『なぜあの人は会話がつづくのか』

【すばる舎リンケージ】
『仕事が速い人が無意識にしている工夫』
『好かれる人が無意識にしている文章の書き方』
『好かれる人が無意識にしている言葉の選び方』
『好かれる人が無意識にしている気の使い方』

【日本実業出版社】
『出会いに恵まれる女性がしている63のこと』
『凛とした女性がしている63のこと』
『一流の人が言わない50のこと』
『一流の男 一流の風格』

【現代書林】
『チャンスは「ムダなこと」から生まれる。』
『お金の不安がなくなる60の方法』
『なぜあの人には「大人の色気」があるのか』

【毎日新聞出版】
『あなたのまわりに「いいこと」が起きる70の言葉』
『なぜあの人は心が折れないのか』
『一流のナンバー2』

【ぜんにち出版】
『リーダーの条件』
『モテるオヤジの作法2』
『かわいげのある女』

【DHC】
ポストカード『会う人みんな神さま』
書画集『会う人みんな神さま』
『あと「ひとこと」の英会話』

【大和出版】
『自己演出力』
『一流の準備力』

【秀和システム】
『人とは違う生き方をしよう。』
『なぜいい女は「大人の男」とつきあうのか。』

【海竜社】
『昨日より強い自分を引き出す61の方法』
『一流のストレス』

【リンデン舎】
『状況は、自分が思うほど悪くない。』
『速いミスは、許される。』

【文芸社】
『全力で、1ミリ進もう。』【文庫】
『贅沢なキスをしよう。』【文庫】

【総合法令出版】
『「気がきくね」と言われる人のシンプルな法則』
『伝説のホストに学ぶ82の成功法則』

【サンクチュアリ出版】
『転職先はわたしの会社』
『壁に当たるのは気モチイイ 人生もエッチも』

【きずな出版】
『生きる誘惑』
『しがみつかない大人になる63の方法』
『「理不尽」が多い人ほど、強くなる。』
『グズグズしない人の61の習慣』
『イライラしない人の63の習慣』
『悩まない人の63の習慣』
『いい女は「涙を背に流し、微笑みを抱く男」とつきあう。』
『ファーストクラスに乗る人の自己投資』
『いい女は「紳士」とつきあう。』
『ファーストクラスに乗る人の発想』
『いい女は「言いなりになりたい男」とつきあう。』
『ファーストクラスに乗る人の人間関係』
『いい女は「変身させてくれる男」とつきあう。』
『ファーストクラスに乗る人の人脈』
『ファーストクラスに乗る人のお金2』
『ファーストクラスに乗る人の仕事』
『ファーストクラスに乗る人の教育』
『ファーストクラスに乗る人の勉強』
『ファーストクラスに乗る人のお金』
『ファーストクラスに乗る人のノート』
『ギリギリセーーフ』

【PHP研究所】
『自己肯定感が一瞬で上がる63の方法』【文庫】
『定年前に生まれ変わろう』
『なぜあの人は、しなやかで強いのか』
『メンタルが強くなる60のルーティン』
『なぜランチタイムに本を読む人は、成功するのか。』
『中学時代にガンバれる40の言葉』
『中学時代がハッピーになる30のこと』
『もう一度会いたくなる人の聞く力』
『14歳からの人生哲学』
『受験生すぐにできる50のこと』
『高校受験すぐにできる40のこと』
『ほんのささいなことに、恋の幸せがある。』
『高校時代にしておく50のこと』
『お金持ちは、お札の向きがそろっている。』【文庫】
『仕事の極め方』
『中学時代にしておく50のこと』
『たった3分で愛される人になる』【文庫】
『【図解】「できる人」のスピード整理術』
『【図解】「できる人」の時間活用ノート』
『自分で考える人が成功する』【文庫】
『入社3年目までに勝負がつく77の法則』【文庫】

【大和書房】
『大人の男の身だしなみ』
『今日から「印象美人」』【文庫】
『いい女のしぐさ』【文庫】
『美人は、片づけから。』【文庫】
『いい女の話し方』【文庫】
『「つらいな」と思ったとき読む本』【文庫】
『27歳からのいい女養成講座』【文庫】
『なぜか「HAPPY」な女性の習慣』【文庫】
『なぜか「美人」に見える女性の習慣』【文庫】
『いい女の教科書』【文庫】
『いい女恋愛塾』【文庫】
『「女を楽しませる」ことが男の最高の仕事。』【文庫】
『いい女練習帳』【文庫】
『男は女で修行する。』【文庫】

【リベラル社】
『1分で伝える力』
『「また会いたい」と思われる人「二度目はない」と思われる人』
『モチベーションの強化書』
『50代がもっともっと楽しくなる方法』
『40代がもっと楽しくなる方法』
『30代が楽しくなる方法』
『チャンスをつかむ 超会話術』
『自分を変える 超時間術』
『問題解決のコツ』
『リーダーの技術』
『一流の話し方』
『一流のお金の生み出し方』
『一流の思考の作り方』

【ぱる出版】
『粋な人、野暮な人。』
『品のある稼ぎ方・使い方』
『察する人、間の悪い人。』
『選ばれる人、選ばれない人。』
『一流のウソは、人を幸せにする。』
『なぜ、あの人は「本番」に強いのか』
『セクシーな男、男前な女。』
『運のある人、運のない人』
『器の大きい人、器の小さい人』
『品のある人、品のない人』

中谷彰宏　主な作品一覧

【ダイヤモンド社】

『60代でしなければならない50のこと』
『面接の達人 バイブル版』
『なぜあの人は感情的にならないのか』
『50代でしなければならない55のこと』
『なぜあの人の話は楽しいのか』
『なぜあの人はすぐやるのか』
『なぜあの人は逆境に強いのか』
『なぜあの人の話に納得してしまうのか［新版］』
『なぜあの人は勉強が続くのか』
『なぜあの人は仕事ができるのか』
『25歳までにしなければならない59のこと』
『なぜあの人は整理がうまいのか』
『なぜあの人はいつもやる気があるのか』
『なぜあのリーダーに人はついていくのか』
『大人のマナー』
『プラス1％の企画力』
『なぜあの人は人前で話すのがうまいのか』
『あなたが「あなた」を超えるとき』
『中谷彰宏金言集』
『こんな上司に叱られたい。』
『フォローの達人』
『「キレない力」を作る50の方法』
『女性に尊敬されるリーダーが、成功する。』
『30代で出会わなければならない50人』
『20代で出会わなければならない50人』
『就活時代しなければならない50のこと』
『あせらず、止まらず、退かず。』
『お客様を育てるサービス』
『あの人の下なら、「やる気」が出る。』
『なくてはならない人になる』
『人のために何ができるか』
『キャパのある人が、成功する。』
『時間をプレゼントする人が、成功する。』
『明日がワクワクする50の方法』
『ターニングポイントに立つ君に』
『空気を読める人が、成功する。』
『整理力を高める50の方法』
『迷いを断ち切る50の方法』
『なぜあの人は10歳若く見えるのか』
『初対面で好かれる60の話し方』
『成功体質になる50の方法』
『運が開ける接客術』
『運のいい人に好かれる50の方法』
『本番力を高める57の方法』
『運が開ける勉強法』
『バランス力のある人が、成功する。』
『ラスト3分に強くなる50の方法』
『逆転力を高める50の方法』
『最初の3年その他大勢から抜け出す50の方法』
『ドタン場に強くなる50の方法』
『アイデアが止まらなくなる50の方法』
『思い出した夢は、実現する。』
『メンタル力で逆転する50の方法』
『自分力を高めるヒント』
『なぜあの人はストレスに強いのか』
『面白くなければカッコよくない』
『たった一言で生まれ変わる』
『スピード自己実現』
『スピード開運術』
『スピード問題解決』
『スピード危機管理』
『一流の勉強術』
『スピード意識改革』
『お客様のファンになろう』
『20代 自分らしく生きる45の方法』
『なぜあの人は問題解決がうまいのか』
『しびれるサービス』
『大人のスピード説得術』
『お客様に学ぶサービス勉強法』
『スピード人脈術』
『スピードサービス』
『スピード成功の方程式』
『スピードリーダーシップ』
『出会いにひとつのムダもない』
『なぜあの人は気がきくのか』
『お客様にしなければならない50のこと』
『大人になる前にしなければならない50のこと』
『なぜあの人はお客さんに好かれるのか』
『会社で教えてくれない50のこと』
『なぜあの人は時間を創り出せるのか』
『なぜあの人は運が強いのか』
『20代でしなければならない50のこと』
『なぜあの人はプレッシャーに強いのか』
『大学時代しなければならない50のこと』
『あなたに起こることはすべて正しい』

著者紹介

中谷彰宏（なかたに・あきひろ）

1959年、大阪府生まれ。早稲田大学第一文学部演劇科卒業。84年、博報堂に入社。ＣＭプランナーとして、テレビ、ラジオＣＭの企画、演出をする。91年、独立し、株式会社中谷彰宏事務所を設立。ビジネス書から恋愛エッセイ、小説まで、多岐にわたるジャンルで、数多くのロングセラー、ベストセラーを送り出す。「中谷塾」を主宰し、全国で講演・ワークショップ活動を行っている。

■公式サイト　https://an-web.com/

本の感想など、どんなことでも、
あなたからのお手紙をお待ちしています。
僕は、本気で読みます。　　　　中谷彰宏

〒162-0816　東京都新宿区白銀町1-13
きずな出版気付　中谷彰宏行
※食品、現金、切手などの同封は、ご遠慮ください（編集部）

中谷彰宏は、盲導犬育成事業に賛同し、この本の印税の一部を（公財）日本盲導犬協会に寄付しています。

[この一冊で万全]
チャンスをつかめる人のビジネスマナー

2020年5月10日　第1刷発行

著　者　　中谷彰宏

発行者　　櫻井秀勲
発行所　　きずな出版
東京都新宿区白銀町1-13　〒162-0816
電話03-3260-0391　振替00160-2-633551
https://www.kizuna-pub.jp/

装　幀　　福田和雄（FUKUDA DESIGN）
編集協力　ウーマンウエーブ
印刷・製本　モリモト印刷

ISBN978-4-86663-112-7

きずな出版

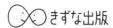

書籍の感想、著者へのメッセージは以下のアドレスにお寄せください。
E-mail:39@kizuna-pub.jp

きずな出版

http://www.kizuna-pub.jp